文化吉林

伊通卷
上冊

# 弘揚長白山文化
# 打響吉林特色地域文化品牌

王儒林

　　吉林有文化，而且吉林文化有底蘊、有潛力、有特色、有希望。從前郭縣王府屯距今約一百萬年的石製工具到距今十六萬年的樺甸仙人洞和距今三萬年的榆樹人，從燕趙文化東進到漢武帝設四郡，從扶餘、高句麗、渤海文明的興衰更替到遼金、清朝問鼎中原，從抗日烽火、解放硝煙到新中國老工業基地的紅色記憶，從二人轉、吉劇、長影到吉林期刊、吉林歌舞和吉林電視劇現象，勤勞智慧、淳樸善良、勇於開拓的吉林人民在白山松水間創造出絢麗多彩的地域文化，成為中國文化版圖上一道獨特風景。

　　文化與山素來結緣，正如泰山之於魯，嵩山之於豫，黃山之於皖，長白山是吉林的象徵、吉林的品牌。吉林文化始終與長白山難捨難分、血脈相連，集中體現於長白山文化之中。長白山文化發源和根植於吉林沃土，是包容吉林各民族文化、蘊含吉林發展歷史、反映吉林人性格特質、凸顯吉林氣派的「大文化」，是中華民族「多元一體」文化的重要組成部分，源遠流長、博大精深，構成了吉林文化的骨骼和脊梁。在地域文化越來越受到人們關注、文化軟實力越來越成為衡量一個地區核心競爭力的重要指標的當今時代，大力弘揚作為吉林文化標誌性符號的長白山文化，把這份寶貴的文化資源保護好、挖掘好、利用好、開發好，對於打響吉林特色地域文化品牌，鑄造極具時代內涵的吉林精神，提升吉林文化軟實力，凝聚吉林改革發展正能量，無疑具有十分重要的現實意義。

近年來，我省大力推進以優秀吉林地域文化為主要內容的長白山文化建設，出臺了《長白山文化建設規劃綱要》，啟動實施了長白山文化建設工程，在長白山文化資源保護研究、挖掘整理、開發利用等方面做了大量工作，取得了顯著成績。我們要進一步加強長白山文化理論研究，豐富長白山文化內核和外延，進一步加強長白山文化遺產的發掘、保護和展示推介力度，擴大長白山文化的影響力，進一步加強對長白山文化內涵的拓展和提升，把長白山文化資源更好地轉化為文化產品、文化事業和文化產業，推動長白山文化建設躍上新臺階，推動吉林文化大發展大繁榮，為實現富民強省目標、中華民族偉大復興、中國夢做出貢獻。深入挖掘、研究、整理長白山歷史文化，既是一項宏大浩繁的系統工程，又是一項功在當代、利在千秋的基礎工程。希望有更多有識、有志之士投身長白山文化建設事業，讓這份寶貴的文化資源更好地服務於當代，惠澤於未來。

　　由省委宣傳部組織編撰的《長白山文化書庫》系列叢書，是長白山文化建設工程的重要標誌性成果。叢書從基礎研究、地方特色、主要藝術門類三部分，對長白山文化的歷史資源進行了全面細緻的挖掘和整理，堪稱長白山文化研究與普及的鴻篇巨製，不僅對研究和宣傳長白山文化大有裨益，而且對培育吉林文化品牌、樹立吉林文化形象也將產生積極的促進作用。在叢書即將付梓之際，謹表祝賀並向全體工作人員致以問候。

# 主編寄語

## 莊嚴

長白奇迤蘊靈秀，松江悠長毓文傑。千百年來，雄渾壯美的白山松水賦予了肥沃豐饒的吉林大地以生機和活力，滋養了吉林人民勤勞睿智、堅韌進取、寬容開放的精神品格，積澱了多元融合、底蘊深厚、色彩斑斕的地域文化。這獨具魅力的吉林特色地域文化猶如一株馥鬱芳香的花朵，在中華民族文化百花園中爭妍綻放。

文化是經濟發展之根，是社會發展之源。省委、省政府高度重視文化建設，制定出臺了《長白山文化建設規劃綱要》，把吉林省歷史文化資源工程列入宣傳思想文化工作「六大工程」之一。省委宣傳部深入貫徹落實省委、省政府的要求，開展《長白山文化書庫》建設，啟動實施了《文化吉林》叢書編撰工作，將其作為全省宣傳思想文化工作的重要舉措，周密部署，精心組織，強力推進，取得了預期成果，為全省人民奉獻了一份珍貴的精神食糧。

《文化吉林》叢書是《長白山文化書庫》中全景展現特色地域文化的重要組成部分。年初以來，我省廣大宣傳文化工作者以對家鄉、對歷史、對文化事業的高度責任感和使命感，不畏繁難，勤勉執著，嚴謹認真，精益求精，在資料收集、遺產挖掘、書稿撰寫等方面付出了大量艱辛的努力，進行了許多開創性的探索和實踐，圓滿完成了這次編撰任務。叢書編撰秉承傳播和弘揚吉林文化的理念，梳理總結吉林文化資源，提煉昇華吉林文化精髓，激發增強吉林人的文化自覺、文化自信，使優秀文化更好地服務於吉林的發展振興。

《文化吉林》內涵豐富，圖文並茂，辭美情摯，引人入勝，是人們認識吉林、瞭解吉林、研究吉林的概覽長卷，是吉林文化走向全國，面向國際的真誠心聲。叢書真實勾勒了吉林文化歲月滄桑的歷史縱深，生動展現了吉林文化多姿多彩的時代律動，帶我們走進吉林地域文化演進的舞臺，親身感受風雲激盪的文化事件，出類拔萃的文化人物，領略淵深源遠的文化景觀，妙趣橫生的文化傳說，體驗琳瑯紛呈的文化產品，淳樸濃郁的文化民俗。叢書將吉林文化的發展脈絡、現狀和未來，客觀詳盡地展現給廣大讀者，是一部能夠讀得進去、傳播開來、傳承下去的佳作精品。

　　鑒往以勵志，展卷當奮發。《文化吉林》這套融史料性、知識性、可讀性於一體的叢書，為我們進一步保護、研究、開發吉林地域特色文化提供了重要史料資源。作為後繼者，當代吉林人有責任、有義務肩負起將吉林文化充分融入社會主義核心價值觀，推動吉林文化發展進步的歷史使命，讓優秀傳統文化在繼承中創新，在創新中前行，在全國文化發展大格局中唱響吉林「聲音」，打造吉林文化品牌，樹立文化吉林形象。

弘揚長白山文化　打響吉林特色地域文化品牌
主編寄語

## 第四章・文化景址

第五章・文化產品

第
一
章

# 文化發展概述

有一個地方，神奇的七星山綽約多姿，古老的傳說美麗動人；這裡水草豐美，
土地膏腴，人民安居樂業──她的名字叫「伊通」。千百年來，滿族先民們在
這裡刀耕火種，披荊斬棘，生生不息，創造了燦爛的文化。今天，勤勞、勇
敢、善良的滿族兒女和各族人民一道，在這塊黑土地上勵精圖治，辛勤耕耘，
用智慧和汗水譜寫了可歌可泣的壯麗篇章。

吉林省伊通滿族自治縣是滿族發祥地之一，素有「七星福地」之稱。滿族文化像一顆璀璨的明珠，鑲嵌在這一方沃土。

　　伊通滿族自治縣位於吉林省的中南部，四平市東北部，長春市南面，伊通河、東遼河的上游。東經 124°49-125°46，北緯 43°3-43°38。東西長七十六點五千米，南北寬六十六千米。全縣面積二百五十二平方千米，全縣人口四十八點三萬人。其中，滿族人口十七點六萬人，占全縣人口總數的百分之三十七點九，是吉林省滿族人數最多和滿族人口占總人口比例最高的縣份。東與長春市雙陽區接壤，西與公主嶺市毗鄰，南接東遼、東豐、磐石市，北靠長春市。全縣設有十九個鄉鎮（街道），一百八十七個行政村，十個社區。

　　伊通滿族自治縣是吉林省唯一的滿族自治縣，歷來為多民族聚居縣份，境內有漢族、滿族、回族、朝鮮族、蒙古族、錫伯族、壯族、瑤族、苗族、門巴族、白族、高山族、土家族、彝族十四個民族，滿族分布在全縣各鄉鎮（街道），與漢族和其他少數民族雜居共處。

▲ 象徵滿族精神的海東青展翅高翔

一九八七年五月十六日，吉林省人民政府根據伊通縣政府「關於設立伊通滿族自治縣的申請」，向國務院呈請設立伊通滿族自治縣的報告。一九八八年八月三十日，國務院正式批准設立伊通滿族自治縣，以中華人民共和民政部行批 17 號文件批覆吉林省人民政府。批文為：「你省 1987 年 5 月 16 日和 12 月 15 日《關於建立伊通滿族自治縣的請示》收悉，經國務院批准，同意撤銷伊通縣，設立伊通滿族自治縣，以原伊通縣行政區域為伊通滿族自治縣行政區域，不增加人員編制。」

經過一年的籌備，「慶祝伊通滿族自治縣成立大會」於一九八九年八月三十日在縣體育場隆重召開。國家民委代表團，吉林省、四平市代表團，黑龍江省代表團，遼寧省代表團，遼寧省新賓、鳳城、岫岩、河北省圍場等滿族自治縣代表團和在伊通工作過的老幹部等出席了慶祝大會。

## 民族文化的淵源

滿族有著三千多年悠久的歷史文化淵源，在數千年的歲月裡，勤勞、勇敢、善良、純樸的滿族人民創造了光輝燦爛的文化，留下了寶貴的文化遺產。

滿族的祖先可追溯到肅慎人，亦稱「息慎」「稷慎」，是我國東北地區最早見於文獻記載的古老民族。據《山海經‧大荒北經》載：「大荒之中有山，名曰不咸，有肅慎氏之國。」《晉書‧四夷傳》載：「肅慎氏，一名挹婁，在不咸山北。」其後，肅慎與中原夏商周諸朝往來從未間斷。《國語‧魯語》載：「昔武王克商，通道於九夷百蠻，使各以其方賄來頂……於是，肅慎氏貢楛矢石砮，其長尺有咫。」《逸周書‧王會篇》載：肅慎曾向西周朝貢獻一種珍貴的野獸大鹿。《左傳‧昭公九年》載：周景王時人們認為，「肅慎、燕、亳，吾北土也」。漢晉時期，中原王朝稱肅慎為挹婁。《後漢書‧東夷列傳》載：「挹婁，古肅慎之國也。在夫餘東北千餘里，東濱大海，南與北沃沮接，不知其北所極。」南北朝時期，挹婁後裔稱勿吉。《魏書‧勿吉傳》載：「勿吉國，在高句麗北，舊肅慎國也。」隋唐時期稱靺鞨。唐聖曆元年（698 年），粟末

▲ 伊通滿族自治縣成立大會

部首領大祚榮建震國，仍稱靺鞨。西元七一三年，唐玄宗冊封大祚榮為渤海郡王、忽汗州都督。此後，廢靺鞨名而稱渤海。渤海國歷史上譽為「海東盛國」，西元九六二年被契丹所滅。宋元明時期女真名稱仍是肅慎的轉音。《三朝北盟會編》稱：「女真，古肅慎國也。本名朱理真，番語訛為女真。」十二世紀初，女真完顏部崛起反遼，一一一五年建立金國。十三世紀初，蒙古勃興，滅金建立元朝。元亡明興，分布在牡丹江、綏芬河及長白山一帶的建州女真人崛起，建州女真首領努爾哈赤統一女真各部，形成穩定的民族共同體，一六一六年稱汗，國號大金，史稱後金。其子皇太極繼汗位後，於一六三五年廢女真、諸申舊稱，改稱滿洲。次年，皇太極冠皇帝尊號，改國號為大清。清亡後，特別是民國期間，滿族同全國其他民族一樣，歷經滄桑和磨難。

伊通，古稱一禿、伊敦、依屯，均係滿語音譯，源於伊通河名，意為洪大、洶湧之河。

伊通山川秀麗，為歷代王侯舞劍屯兵之重地。先秦時期，伊通為古肅慎國之一部。西漢時，伊通地處衛氏朝鮮西北境，屬遼東郡。漢武帝元封三年（西元前108年）滅衛氏朝鮮，於其地設樂浪、真番、玄菟、鄰屯四郡。玄菟郡轄縣有高句麗、上殷臺、西蓋馬三縣，伊通屬西蓋馬縣。晉時，伊通屬挹婁。南北朝時，屬勿吉白山部。隋時屬高句麗。唐滅高句麗，建渤海國，分五京十五府六十二州，伊通屬中京顯德府榮州。五代時，遼滅渤海國建東丹國，義宗稱

人皇王，伊通屬人皇王輝發部。宋時，金太祖滅遼，分五京十九路，伊通屬東京咸平路。元時，金國設十一行省，遼陽行省下設一府七路，伊通屬咸平府開原路。

十二世紀，伊通成為金代女真故地。金大定十七年（1177年），有一千六百戶女真人從長白山下移居伊通。他們是長白山錫馨、珊沁河女真，遼時皆為獵戶。移居伊通後，號伊勒敦部，使伊通河沿岸人煙日盛。《吉林通志・卷十一》記載：「咸平路所屬歸仁、玉山兩縣在今伊通州境。」渤海王國之後，肅慎族系的女真人再度興起於白山黑水之間。女真首領完顏阿骨打率領族人建立起猛安謀克制的軍隊，以摧枯拉朽之勢戰勝了遼國和當時經濟、文化都特別發達的北宋。女真以開放的姿態、寬廣的胸襟，在短暫的歷史時期內，接受、容納了渤海文化、契丹文化和中原文化，創造了以女真民族為核心的諸民族共同體的燦爛文化。一一一五年，阿骨打稱帝建國，國號大金，定都會寧。女真人建王朝，開基業，變「夷蠻」為華夏，變邊陲為內地，使北方各民族與中原同域同風，共存於華夏一體，在中華民族邁向統一的過程中，寫下了宏偉的篇章。金代的伊通屬於東京咸平路，當時伊通在政治、經濟、文化上進入了一個空前繁榮的時代。在伊通境內，不僅有眾多的古城址，還發現了遍及各鄉鎮的這一時期的文化遺址五十多處。 金代的女真人勤勞勇敢，他們耕種著肥美的良田，收穫的糧食自給自足。伊通河中，征帆競發；河岸，鐵騎奔騰。體現出自強自立、粗獷豪放、剛健頑強、勇於進取的女真人的精神面貌。到了海陵王完顏亮當政時，為了遷都的需要，在上京和燕京之間，又修了一條驛路複線，從阿城西進，經五常、榆樹、德惠、雙陽、伊通、公主嶺，在遼寧昌圖境內連接北線。在這條複線沿途，有很多古城遺址。僅在伊通，從東到西就有城合店古城、前城子古城、前大屯古城、宋家窪子古城、大營城子古城、城子村古城等。可以想像，為了遷都，居住在伊通的女真人不分日夜、頂風冒雨地築城建屋，辛苦異常。在遷都過程中，在城與城之間的土路上，車載馬馱，塵土飛揚，浩浩蕩蕩，向西逶迤而行。

明初，廢元朝行省制，於東北設奴兒干都司。伊通分別屬於塔山衛、勒克山衛、呼蘭山衛、烏爾堅山衛、伊敦河衛、雅哈河衛、烏蘇衛、穆蘇河衛、呼魯河衛等。明末，海西女真南遷，形成葉赫、哈達、輝發、烏拉四部，伊通大部分屬葉赫部。天命元年（1616 年），建州女真首領努爾哈赤建後金，一六一九年正月滅葉赫，伊通為建州女真屬地。

在青頂子山腳下，伊通河源附近的璋地，即新生村大鹼場屯，曾是海西女真輝發部和葉赫部兩部的發祥興起之地。此前，璋地居住著納喇部女真人。納喇氏在金代就已久負盛名，納喇氏是金代拿懶氏的轉音。金代的拿懶氏與阿骨打的完顏氏世為姻親，其部族分布很廣，勢力很大，在女真人中頗有影響。輝發與葉赫兩部的祖先都由外地遷居璋地而改姓納喇氏，輝發在前，葉赫在後。

輝發部始祖昂古裡星古力，姓益克得裡氏，原居黑龍江岸的尼馬察部，明朝隸屬弗提衛，後由該衛分出，舉家南遷，移到扈倫國的渣魯定居。不久，他又投奔當時屬於扈倫國的納喇部姓所屬的璋地，與當地納喇部姓首領噶揚噶、圖墨土二人「宰七牛祭天，改姓納喇」，加入了這一女真姓氏。後來，弗提衛都督王機努進入輝發河流域築城建國，形成了輝發部。

葉赫部的祖先，始祖是星根達爾漢，來自松花江北岸的達魯木衛，幾經周折，遷到璋地，滅了扈倫國的納喇部，占據其地，改姓納喇，以藉著姓的威名擴大影響，掌管了璋城、烏蘇城、雅哈城、阿奇蘭城、伊巴丹城等，並把勢力發展到葉赫河流域，後來移居葉赫河畔建國。清佳努、揚吉努跨葉赫河築東西二城，兄弟分治，皆稱貝勒，立國號為葉赫，又修築了何墩城、吉當阿城、喀布齊賽城、鄂吉岱城等城寨，形成了葉赫部。這時已是嘉靖十五年（1536年），海西女真扈倫四部也就此形成，從此，在明末的舞臺上，扈倫四部與建州女真，演出了一幕幕驚心動魄的歷史活劇。

清雍正六年（1728 年）設二旗（鑲黃、正黃二旗）公署，隸屬永吉州，置二佐領，掌管二旗戶籍及軍政、民政。嘉慶十九年（1814 年），設伊通河分防巡檢，隸屬吉林廳。光緒八年正月二十八日（1882 年 3 月 17 日）建立州

制，稱伊通州，隸屬吉林府。同時，設磨盤山巡檢，隸屬伊通州。光緒十三年八月二十一日（1887 年 10 月 7 日），撤磨盤山巡檢，改設分州，仍隸屬伊通州。光緒二十八年九月二十五日（1902 年 10 月 26 日），磨盤山分州從伊通州劃出，設磐石縣制，隸屬吉林府。光緒二十九年（1903 年），設赫爾蘇分州，隸屬伊通州。宣統元年閏二月十九日（1909 年 4 月 9 日），伊通州升為直隸州，直隸吉林省西南路兵備道。一九一三年三月，撤州建縣，稱伊通縣，設縣公署，置縣知事，伊通縣隸屬長春道。一九二九年二月十五日，縣公署改稱縣政府，縣知事改稱縣長。一九三一年「九・一八」事變後，日本侵略者占領東北。一九三二年設偽伊通縣公署，隸屬偽吉林省。一九四一年一月一日，伊通縣與雙陽縣合併。稱通陽縣，偽縣公署駐伊通街。一九四五年「八・一五」日本侵略者投降，中國共產黨收復通陽縣，建立通陽縣民主聯合政府。一九四六年三月十五日，撤銷通陽縣，恢復伊通縣和雙陽縣建制。一九四六年五月二十四日，國民黨占領伊通，伊通縣政府轉移輝南。一九四七年十月一日，伊通縣解放，伊通縣政府遷回伊通街，伊通縣隸屬吉林省。

中華人民共和國成立後，確定將「滿洲」改稱滿族，成為我們中華民族大家庭中的重要一員，在黨的民族政策光輝照耀下，同全國其他五十五個兄弟民族和睦相親，同享溫馨幸福的社會主義新生活。

一九五六年十一月，伊通縣為公主嶺專員公署所轄；一九五八年，為四平專員公署所轄；一九八三年八月，為四平市所轄；一九八五年二月，為公主嶺市所轄，同年十二月復歸四平市所轄。

千百年來，各族人民在這個有著美麗傳說的「七星」寶地上繁衍生息，不斷開拓進取，創造了伊通燦爛的文明，推動文化事業的發展進步，不僅反映了廣大勞動人民在封建主義、殖民主義統治下，反對壓迫和剝削、追求自由和光明的樸素的思想情感，而且深刻描繪了社會主義制度下文藝百花園中群芳鬥豔的絢麗景色。

從碾子山下伊馬丹古戲樓、伊通河畔古碑碣、景臺范家大院，到具有現代

裝備的文化設施群；從清代將軍依克唐阿的「龍」「虎」墨跡，到薩滿文化的傳承，都充分展示了滿族文化的繁榮景象和厚重底蘊。

伊通建制已經有一百多年的歷史，隨著柳條邊和大驛路的築成以及邊臺驛站的設立，村落日漸增多，人口日漸稠密，特別是伊通縣建立後，各地集鎮陸續形成，因此，人與人之間的交流日益頻繁。在這樣的歷史背景下，文化的繁生有了豐厚的土壤。

從康熙五十年（1711 年）建造伊丹戲樓起，到光緒三十二年（1906 年）成立伊通縣宣講所，在這一百九十五年間，伊通的文化處於啟蒙階段。在民間娛樂活動從未止息的基礎上，清朝末年，一大批文人學士相繼湧現。如莫里鄉頗有名氣的民間書法家吳通滯，民間開始流行的雜耍、蹦蹦戲等等。但因歷代統治者的壓制，眾多民間藝術形式，終因沒有依存的實體，而被置於大雅之外。

辛亥革命以後的三十多年間，伊通的文化呈現出了活躍狀態。民國二年（1913 年），伊通縣城內不斷有外來流動戲班搭棚演出。民國六年（1917 年），伊通縣成立了通俗教育演講所。民國十四年（1925 年），成立了通俗教育館。這個時期的伊通文化事業有了新的起色。直至偽滿時期，文化事業仍在發展，體現了一方的文化現象，湧現出了「十里香」「一汪水」等比較有名望的民間藝人，他們為後來的東北地方戲傳統劇目的保留和發展做出了突出貢獻。

## 民族文化的提升

一九四七年十月一日伊通解放，黨和政府高度重視文化事業建設。縣政府成立民教科，一九五一年民教科分出文教科，文化館、圖書館、評劇團、新華書店、電影院相繼建立，文化設施逐步完備，群眾文化日新月異，在繼承和發展傳統文化娛樂活動基礎上，相繼建立了具有一定規模的文藝團體，開展了文藝會演、音樂會、演唱會、美術展覽、故事會等豐富多彩的文藝活動。

一九五九年十一月，伊通縣評劇團成立，十二月，伊通劇場建成使用。一九八五年五月，伊通縣評劇團與伊通縣地方戲劇團合併，稱伊通縣戲曲劇團。二〇〇六年一月，伊通滿族藝術團成立。

電影放映工作從一九三五年的第一臺無聲電影放映機到一九五三年成立的第一個國辦電影放映隊，使廣大農民實現了坐在家裡就能享受文化生活的願望，從電影發行到放映管理實現了一條龍服務。

伊通的圖書經營始於偽滿時期。當時，只有日昇久和雙合發兩家書店。繼一九四八年成立新華書店後，五十年代，圖書發行工作有了較大的突破，通過走基層，開辦文化書市，服務大眾。一九七九年以後，在文藝「雙百」方針指引下，圖書發行的數量和類別與日俱增，大量的文學、科技等圖書被運往農村。一九八〇年後，新華書店不斷增設項目，實行預訂、郵購、流動售貨車、街頭擺攤等方式，發行量不斷增大。

新中國成立後，伊通的音樂、戲劇、曲藝、詩歌、小說、散文、報告文學、故事、美術、剪紙、書法、攝影等一系列創作進入了一個新的歷史時期，特別是黨的十一屆三中全會以後，進入了有史以來的最繁榮階段。

伊通縣戲劇創作室成立於一九七一年。當時鄒慶羲任主任，創作員有劉楊和陸德華二人，以後逐年有新人進入。戲劇創作室是全省三級戲劇創作網的產物，三級創作網隨著時間的推移漸漸名存實亡，但伊通縣戲劇創作室的成果卻越來越豐富。在上世紀八十年代，受到吉林省政府的表彰，是全省戲劇創作受到省政府表彰的兩個縣份之一。幾十年來，伊通縣戲劇創作室堅持做到了出人才，出精品，贏得了省內外業內人士的刮目相看。先後從戲劇創作室走出去的名劇作家有冀立昌、李鵬飛、王羲昌、劉興文、張文奇、施立學、薛衛民，編曲馮義、張金彪。終生堅持在本鄉本土的劇作家有黃耀文和陸德華。上述劇作家都曾在戲劇創作方面獲得過省、市級會演一等獎，成為業內的佼佼者。

幾十年來，伊通戲劇創作室創作生產出數百個劇本，其中，獲省級獎勵的有幾十個，獲省會演一等獎以上的二十多個，獲國家級獎勵四個，獲吉林省長

白山文藝獎的一個，獲長白山文藝提名獎一個，獲吉林省藝術節大獎一個。縣戲劇創作室的劇本幾乎每屆全省二人轉會演都參賽，每次參賽必有金牌入賬。伊通滿族藝術團所有參賽獲獎劇目的劇本都是縣戲劇創作室出品，縣戲劇創作室被業內人士譽為金牌加工廠。具有代表性的作品如二人轉《辮子墳》、滿族神話歌舞二人轉《狼妻》等。

伊通滿族自治縣的文物、名勝古蹟，分布在全縣各地。這些文物歷代相傳，儲量豐厚，雖屢遭磨難，但有大量文物至今完好無缺。主要名勝有七星山、伊通河（源頭在伊通最南端的河源鎮青頂山的北部）、阿夫巴克圍場、柳條邊、烽火臺、驛站、伊丹戲樓、古城址等。

伊通滿族自治縣文化事業大踏步地前進是在人民掌握政權之後。由於黨和政府對文化事業的高度重視，文化隊伍不斷擴大，文化設施日益完善。文化館、圖書館、評劇團、新華書店、電影院等機構相繼建立，成為為人民服務的實體。特別是十一屆三中全會後，黨制定了新的路線、方針和政策，給文化工作帶來了新的生機，肅清了極「左」思想的影響，彌補了「文革」給文化事業造成的損失。廣大文化工作者在黨的「百花齊放、百家爭鳴」的文藝工作方針指引下，落實了文藝為人民服務、為社會主義服務的方針，在全縣範圍內初步形成了多層次、多渠道、多類型的綜合文化藝術體系，文化工作成果多次受到省、市的表彰，豐富了廣大人民群眾的精神文化生活。

一九八五年，為進一步適應經濟的發展和人民精神文化生活與物質生活的需求，伊通縣委、縣政府制定了伊通文化事業發展的五年規劃，伊通滿族自治縣的文化事業發展進入了快車道。

一九八六年二月，伊通縣成立文物普查和《文物志》編寫領導小組。同年四月，成立縣文物普查隊，對全縣二十二個鄉鎮全面進行文物普查。歷時兩個月，共發現古遺址八十三處，古建築遺址十三處，近現代革命遺址五處，採集各類文物一千五百餘件，形成檔案資料十餘萬字。普查結束後，組成《伊通縣文物志》編寫小組，在省、市、縣有關部門的領導、專家參與下，於一九八八

▲ 廣場健身

年七月，編寫成《伊通縣文物志》。全縣共有省級文物保護單位十處，市級文物保護單位二十六處。一九九三年八月三十一日，縣文化局、公安局聯合發布《關於加強古城遺址保護管理的通知》。伊通縣文管所認真落實文物保護單位的「四有責任制」，即有保護範圍、有保護人、保護標牌和保護制度。在公安部門的配合下，深入文物單位所在地，召開村民大會，宣講《文物法》，散發宣傳材料，提高廣大群眾文物保護意識。一九九〇年至一九九三年，在公安部門的配合下，全縣開展打擊盜掘古墓破壞文物的違法犯罪行為，對伊通縣內伊丹火紅村、靠山鎮護山村和黃嶺子鄉洪喜堂屯等三起盜掘古墓案件進行了查處，沒收古銅鏡、琉金帽飾等物品，對犯罪分子給予處罰。

自一九八八年伊通滿族自治縣成立以來，歷屆縣委、縣政府高度重視滿族文化建設，確立了建設「生態、文明、富裕的民族文化名縣」的總體目標，確立了著力打造四平市文化大縣、吉林省文化強縣、東北地區文化名縣的實施戰略，弘揚民族精神，突出民族特色，努力讓廣大人民群眾分享到文化大發展大繁榮的豐碩成果。

文化基礎設施建設不斷加強。為適應民族體育發展，二〇〇三年，伊通滿族自治縣新建了滿族珍珠球館。

文藝創作和演出更加繁榮活躍。在堅持「二為」方向、貫徹「雙百」方針

的基礎上，創作人員堅持深入生活，筆耕不輟，緊密結合伊通的政治、經濟、文化，通過社會實踐體驗生活、尋找素材、激發才智，創作出適應時代、具有滿族地域風格的文藝作品六十餘個，其中，獲國家獎二個，省、市級獎項三十五個。

▲ 保南村文化廣場

為傳承和發展滿族文化，原伊通地方戲曲劇團更名為伊通滿族藝術團。藝術團以宣傳滿族、謳歌滿族為己任，把充滿滿族生活氣息的節目帶進社區和農村，每年演出二百場以上，受到全縣各族人民的喜愛。為方便演出，縣文體局向上級機關爭取流動舞臺車一輛，縣政府又投資三十五萬元，為藝術團配備了一臺演員豪華客車。伊通滿族自治縣藝術團先後在上海世博會、「歡樂中國行」的舞臺上亮相，得到了國內外觀眾的好評。

群眾文化百花爭豔，姹紫嫣紅。二十多年來，伊通滿族自治縣的群眾文化異彩紛呈。廣場文化、社區文化、企業文化、村鎮文化、校園文化等都有了新的發展。大孤山、靠山鎮成為吉林省百鎮文化中心輻射工程建設達標鎮。縣文

化館輔導各類文化藝術骨幹五千人次；舉辦聲樂、器樂、美術培訓班二十五次；舉辦全縣業餘歌手大賽十餘次。另外，舉辦了多次廣場文化演出、秧歌會演及牧情谷薩滿藝術節、南山旅遊風景區藝術節等群眾性文化活動。

民間文化和藝術得到傳承和保護。伊通滿族自治縣民間藝人于福林創作的滿族剪紙《千手觀音》《向天歌》被國家民間藝術協會收藏。縣文化館副館長吳樹國創作的滿族民俗畫《無憂圖》，入選第二屆「全國書畫院作品聯展」，被編入《第二屆徐悲鴻美術獎獲獎作品集》。伊通滿族自治縣還編寫了許多有關滿族的民間故事和書籍。如《七星落地的傳說》《蓮花泡和馬鞍的故事》《龍虎將軍依克唐阿》等一批民間優秀傳說，已被收錄《吉林民間故事卷》一書。出版了《七星福地伊通》《長白山下滿族魂》《神祕的薩滿繪畫》《滿族知識讀本》《伊通地名傳說故事》等書籍，通過各種民俗和文化活動參與對外交流。

民族體育得到了傳承和發展。珍珠球是滿族的傳統體育項目，在伊通滿族自治縣有相當廣泛的群眾基礎，伊通滿族自治縣珍珠球代表隊馳名全國，多次代表吉林省參加全國少數民族運動會珍珠球項目的比賽，曾獲得第八名、第五名、第六名、第二名的好成績。代表四平市參加全省少數民族運動會珍珠球比賽，一次獲第二名，三次獲第一名。二〇〇七年，伊通滿族自治縣被省民委、省體育局授予「吉林省傳統體育項目珍珠球訓練基地」，伊通滿族自治縣珍珠球被列入省級非物質文化遺產名錄。

全民健身活動蓬勃發展。全縣參加體育休閒鍛鍊的人數與日俱增，運動場、公園、西廣場，每天參加各種健身活動的人絡繹不絕。從二〇〇三年開始，安裝健身路徑和農民健身工程器材四百餘件套，為民族體育的健康發展奠定了基礎。

二〇〇〇年，伊通滿族自治縣被國務院授予「全國體育先進縣」；二〇〇三年，被授予「全國民族體育先進縣」。

伊通的新聞出版事業隨著社會的進步逐步發展。

廣播電臺　伊通的廣播業起步於二十世紀五十年代，因受國民經濟發展水

平制約，發展速度遲緩。至一九八五年，三十餘年間一直採用有線廣播，利用農村電話線路、電燈零線、地埋線、架空線等手段傳輸廣播信號。一九八五年著手籌建廣播電臺，自籌資金安裝無線調頻設施、設備，鄉鎮架設調頻接收發射天線，購置調頻接收機，全縣形成無線與有線（鄉鎮至村屯間）混合覆蓋的廣播信號傳輸網絡。一九八六年九月一日，經省廣播電視廳和四平無線電管理委員會檢查驗收，批准伊通縣廣播站升格為伊通人民廣播電臺。臺址位於縣體育場東側，建八間磚瓦結構平房，機房面積三十五平方米，主要設備有功率五十瓦調頻發射機一部，七十六米高自立式鐵塔一座，頂端安裝接收發射天線。對外呼叫臺號全稱：伊通人民廣播電臺，調頻一百〇五點五千赫。一九八九年於縣城西大嶺上，建一幢廣播電視大樓。海拔高度二百四十二米，方位：東經125°18'，北緯 43°21'。天線高度一百一十米。同年電臺遷至新樓。機房面積五十平方米。同時購置一部 1KW 調頻發射機，翌年電臺遷回縣廣播電視管理局辦公樓內。一九九〇年電臺內主要設備有：各種型號錄音機九臺、GY2×275擴音機一臺、GY 增音機二臺、調音臺一臺、立體聲調頻發射機一臺，以及採訪機等。

一九九五年，廣播電臺工程技術人員孫鳳新、閻柏林、黃維林研究，在調頻發射機上安裝了自動開關，實現發射機啟閉自動化，獲省廣播電視廳授予的技術革新三等獎。一九九八年，廣播信號改用光纜傳輸，將廣播信號用光發射機通過光纜送到各鄉鎮廣播站，廣播站用光接收機將信號通過調頻反射機送到各村。

廣播節目準時、優質，轉播好吉林人民廣播電臺和中央人民廣播電臺是縣廣播電臺的首要任務。主要節目有省臺早午晚新聞和全省聯播節目，中央臺的早間新聞和報紙摘要節目及晚間全國各地聯播節目。

自辦節目為電臺編輯、記者採寫錄製的新聞、通訊、報導等，如縣委、縣政府的重大決策、要事活動、中心工作信息反饋等；報導各條戰線的典型事例、先進人物、物質文明建設和精神文明建設成果，科學技術推廣、普及，以

及文藝節目等。開闢欄目主要有《伊通新聞》，每天早、午、晚三次播出。

一九九七年起，農村電視迅速普及，一九九九年普及率已達百分之八十六。電視以其聲像兼具的優勢取代了廣播在百姓生活中的地位。

電視臺　一九七二年，省裡撥款七萬元，為伊通建成電視差轉臺。一九八六年十一月初，安裝第一部衛星地面接收天線。一九八八年購置一臺 IKW35 頻道發射機，可接收發射中央一、二套和吉林一套節目。一九九〇年，廣播電視轉播臺遷至西嶺新建的廣播電視大樓。立一座高一百二十六米鐵塔，安裝四層蝙蝠翼天線，覆蓋半徑五十千米。伊通電視插轉臺升格為電視轉播臺。

一九九四年七月一日，經省廣播電視廳和四平市廣播電視局聯合檢查驗收，批准伊通電視轉播臺升格為伊通電視臺。同年建成長春—伊通小微波系統，進行電視信號傳輸。

一九九六年，縣投資三十萬元，上四套加密頻道。同年，完成長春——伊通大微波系統和終端微波站建設工程。一九九八年，縣投資二十二萬元，建成四平——伊通小微波系統，開闢專用頻道轉播四平電視臺節目。

伊通電視臺的節目設置，除轉播中央、省、市臺節目，每天還播出三十分鐘自辦節目，分別為《伊通新聞》《專題》《廣告文藝》《天氣預報》。

有線電視　一九九二年三月，縣城開始興辦有線電視。一九九三年五月十五日，縣人大常委會通過《伊通滿族自治縣有線電視管理辦法》，對有線電視的建設、設備設施與使用等均作出明確規定。這是伊通滿族自治縣成立後又一部民族區域自治性法規，《辦法》的頒布實施，對加快全縣有線電視的發展，起到了保障作用。

一九九四年，購置五百五十千赫（MHZ）鄰頻前端、五百五十赫主幹電纜、918 主幹放大器，安裝衛星地面接收天線等。一九九六年開通加密頻道，有線電視節目可收看到二十套。一九九八年網絡總長度達四十千米，覆蓋整個城區及近郊，終端用戶達七千戶，滲透率達百分之七十五。

二〇〇〇年，有線電視節目，除完整地轉播中央電視臺一到八個頻道外，

還可看到教育頻道節目及四平、吉林和其他十五個省、直轄市衛星頻道節目。每晚七時用十頻道（廣東）重播《伊通新聞》《廣告文藝》《專題》《天氣預報》，播放具有「有線電視准播證」的電視連續劇或其他音像製品。

農村有線電視　一九九三年至一九九四年，伊丹、小孤山、馬鞍山、景臺等鄉鎮，自籌資金，安裝衛星地面接收天線，購置鄰頻前端及網絡設備，終端用戶達二千五百戶。可收轉十二套電視節目。一九九六年，有十一個鄉鎮政府所在地和二個行政村看上有線電視。伊丹鎮為全省有線電視第一鎮，景臺鎮趙家村為全省有線電視第一村。

一九九九年，實現廣播、電視信號光纜傳輸，加快了農村有線電視的發展。同年，十六個鄉鎮建成有線電視網。終端用戶達三千五百戶。二〇〇〇年以來，全縣十七個鄉鎮政府所在地全部建成有線網，光纜總長達二百四十七點七五千米。同時有七個村建成有線網。全縣農村終端用戶七千戶。

廣播電視微波站　伊通廣播電視微波站是省廣播電視微波工程的一個終端站，建於一九九六年，廣播電視微波與有線電視網、臺聯網，實現了伊通——長春——四平的廣播電視信號雙向傳輸，既可直接收到四平電視臺節目，又可為省市電視、廣播會議提供服務。

報刊　伊通最早創辦的報刊是《微光》。一九三〇年夏，青年學生張其仁等從吉林大學帶回一些進步文學作品和革命理論書刊，在縣城內育東小學成立「青年讀書會」，並創辦了《微光》月刊。于云成、張其仁、張文萃等人組稿。揭露軍閥、地主資本家的罪行。為避開當局檢查，第一期於一九三〇年八月在吉林市吉東印刷社鉛印，共印六百份，在吉林、四平、伊通等地散發，只發行一期，便被當局查封而停刊。

一九四六年二月，為宣傳黨的政策，啟發民眾覺悟，縣民運部以東北中蘇友好協會伊通支部的名義，編輯出版《大眾呼聲》雜誌。第一期發表關山復撰寫的《關於中國民主問題》，王松林撰寫的《說說中國婦女》等二十多篇文章。石版印刷。第一期印刷五百餘份，散發城鄉。第二期組稿後，因縣委機關

戰略轉移，而未能出刊。

　　一九五八年三月二十五日，將《伊通簡報》改為《躍進報》，為中共伊通縣委機關報。一九五九年八月十五日停刊，共發行十三點五萬份。

　　一九六四年，創刊了《伊通科技報》，縣科學技術協會主編，是伊通縣科學技術的綜合性刊物。為八開四版，鉛印。主要介紹科學技術知識、科研成果等，為不定期刊物。一九六六年「文革」開始後停刊。一九七九年五月復刊。到一九八五年末，共出刊四十三期，發行四點三五萬份。

　　一九九二年十二月，經吉林省新聞出版局和中共四平市委宣傳部批准，由中共伊通滿族自治縣委主辦，成立伊通報社。為內部發行，省內刊號 01-005，四開四版，每週二、四定期發行。一九九二年十二月二十五日試發行，一九九三年一月六日創刊號發行。全年共發行九十二期三千五百份。二〇〇三年十一月，中發（2003）19 號文件《中共中央辦公廳和國務院辦公廳關於進一步治理黨政部門報刊散濫和利用職權發行，減輕基層和農民負擔的通知》指出，「縣（市旗）和城市區不再辦報刊，已辦的要停辦」。《伊通報》遂於二〇〇三年十一月二十日停刊並撤銷伊通報社。自一九九三年一月六日至二〇〇三年十一月二十日，共發行一一〇八期。伊通報社原在編人員一部分與縣廣播電視局合併，接管廣播電臺全部工作，一部分劃到縣政府新成立的新聞中心工作。

## 民族文化的跨越

　　伊通滿族自治縣文化惠民工程繼續堅持以政府投入為主，有計劃、分步驟地加大對公共文化服務體系的建設力度，公共文化服務體系建設得到了快速發展，有效地滿足了城鄉社區居民的文化需求，文化事業的繁榮與發展實現了新的突破。

　　文化設施逐步健全。民族體育場、體育館、文化館、鄉鎮綜合文化站、農村文化大院、農家書屋、農民文化體育健身廣場等建設順利推進。二〇一三

年，在原有的基礎上，全年新建農村文化大院六十八個，農民文化體育健身廣場二十四個；形成不同形式的文化大院（秧歌隊、歌舞隊、演出隊）一百一十七個，文化大院小劇團三十七個，農民文化體育健身廣場九十二個；農家書屋實現了全覆蓋。

▲ 保南村農家書屋吸引孩子

由於文化大院和文化體育健身廣場的星羅棋佈，全縣廣大人民群眾的精神生活變得更加充實，農家書屋建設，得到了社會各界的認可。

《一個縣委書記談農家書屋》的文章在全國「農村工作論壇」上刊登；「為農家書屋拓展空間，打造新型的農民團隊」的經驗做法在《吉林日報》《四平日報》上發表；《農家書屋，根植於七星沃土》在全國農家書屋演講大賽上獲優勝獎。

社區文化活動室建設正在積極推進。二〇一二年，省、市下發社區建設「五有一創」工程實施意見後，經縣委研究決定，向省民政廳申請，又成立了五個社區，以開展「五有一創」工程為契機，從基礎做起，為每個社區都新建一所標準的社區辦公場所。十所社區辦公活動場所建築面積達七五〇五平方

▲ 省歌舞團領導到伊通大孤山劉家村趙有文化大院調研

米，分別為：伊通鎮慶德社區五百〇二平方米、永青社區五百〇三平方米、福安街道福安社區一千平方米、慶陽社區五百平方米、福寧街道福寧社區一千平方米、正陽社區五百平方米、福康街道福康社區一千平方米、康泰社區五百平方米、福慶街道永寧社區一千平方米、福慶社區一千平方米。每個社區都有一百平方米的文化活動室，為文化事業大開方便之門。

公共服務基礎體系建設不斷加強。縣、鄉、村三級公共服務基礎體系建設不斷加強，農村公共文化覆蓋率不斷擴大。兩館（文化館、圖書館）免費開放力度不斷加大；伊通滿族自治縣文化廣電新聞出版局堅持「送文化」與「種文化」相結合的原則，一方面通過「送戲下鄉」等載體把溫暖和歡樂送到基層、送給百姓，讓農民足不出村，玩有玩處，樂有樂處，學有學處。

群眾文化蓬勃發展。伊通滿族自治縣文化廣電新聞出版局堅持開展豐富多彩的群眾性文化活動。城區廣場文化活動堅持做到「月月有主題，周周有活動」。

「廣場文化」不但成為挖掘民間民族文化、企業文化等各種文化元素的主渠道，也成為了展示部門形象、展現干群風貌、展演文化精髓的大舞臺，並培養鍛鍊了一大批創作、演藝人才。二〇一三年，在城區廣場開展的文化惠民展

▲ 唐如蜜薩滿繪畫月神

演活動達六十多場次。同時，組織指導基層文化大院在農閒、節假日期間堅持自主開展文化活動，由農民自編、自導、自演，唱響社會主義新農村。現在百分之七十的自然屯都有秧歌隊，活躍了群眾文化生活。大孤山鎮劉家村、萬福德村、靠山鎮向陽村等文化大院自成立至今活動越辦越紅火，他們自編、自導、自演，創作出了很多內容健康、群眾喜聞樂見、膾炙人口的小節目，對宣傳黨的政策、普及科技知識、提升村民的道德水準都起到積極的推動作用，尤其是大孤山鎮劉家村、伊通鎮永青村文化大院，他們的精彩活動被中央一臺新聞節目播出。景臺鎮范家村李宗保文化大院，歷史傳承四代同堂的農家鼓樂隊參加省廳多次會演。伊通鎮建國村文化大院在省臺「說實在的」欄目中專題播出。現在，農村文化大院已經成為「文明、幸福、團結、和諧」的大家庭，既密切了鄰里關係，也促進了民風的好轉；不但從多層面展示伊通美好前景，也全面展示廣大群眾充分享受公共文化服務體系建設的成果和積極向上的精神風貌。現在，全縣的群眾文化活動已經形成了「春色滿園關不住」的喜人景象。每逢重大節日和傳統節日，全縣群眾文化活動更是精彩紛呈，城區內現有三個大型廣場，每天晚上參加健身操、各種演藝、交際舞、街舞等活動的人越來越多。縣政府每年都組織文化大院進行匯報演出，並對文化大院活動好的進行表彰獎勵，自編自演的優秀劇目在縣電視臺向全縣播出。縣文化館每建一個文化大院就建一部檔案，現已建檔案一百一十七個，真正實現了對文化大院進行有序管理。每次大型演出活動都建演出檔案，留下美好的記憶。

文學藝術枝繁葉茂。文藝創作堅持「精品戰略」。二〇一二年共創作精品劇目六部，其中，陸德華創作的《有貝公》獲得四平市紀檢系統行業會演特等

獎。劉鳳琴創作的搖滾快板《碧血清源頌》榮獲四平市第四屆「住建杯」碧血清源反腐倡廉文藝調演表演一等獎，創作一等獎。李海岩油畫《關東煙》《一首老歌》在東北亞國際書畫攝影展上分別獲得銅獎和優秀獎，《抗聯戰士》在黨報、黨刊發表；吳樹國國畫《大孤山寫生》，周鳳傑書法在東北亞國際書畫攝影展上分獲得銅獎和優秀獎：吳樹國的國畫《嬉戲圖》、李海岩的油畫《白樺林》入選「2012 群星璀璨全國美術、書法、攝影優秀作品展」的同時，代表吉林省參加第十屆中國藝術節「群星獎」書畫門類作品大賽。

文化惠民活動開展得有聲有色。以「送戲、送電影、送書」為主要內容的文化「三下鄉」活動，將先進文化送到千家萬戶。二〇一三年送戲下鄉九十五場，近五年來累計送戲下鄉九百六十多場次。二〇一三年「世界圖書日」期間，縣圖書館向河源鎮保南村送書二百冊，在縣武警中隊建立了流動圖書點。全縣農村電影放映科教片十八個拷貝，故事片二十個拷貝，放映二二四四場。

▲ 送戲下鄉到大孤山

滿族藝術團的全體演員長年活躍在基層，足踏山鄉，堅持文藝為群眾的服務方向，演身邊人，說身邊事，得到了廣大人民群眾的好評，得到了社會的認可。不斷放大的舞臺，豐富了他們的專業素質，強化了貼近生活的自覺性。舞蹈《滿風神韻》在濟南市舉辦的「中國群星獎」優秀作品展演中獲好評。他們既是演員又是輔導員，農民的院子裡，老百姓的炕頭上，都有他們的歌聲與歡笑。

實施文化信息資源共享工程。完善覆蓋城鄉的文化信息資源共享網絡，以數字資源建設為核心，以鄉鎮及社區基層服務網點為重點，加強基層站點人員的技能培訓。首先，強化了一批文化龍頭項目和民族文化產業園區建設。截止目前，全縣共有各類文化經營單位一百〇八家。其中，歌舞娛樂場所八家，網吧二十八家，音像製品零售、出租單位五家。另有專業演出團體一個，業餘演出團體十個和慶典公司八個，書社八家，複印社二十五家，印刷廠八家。二〇一四年，新華書店銷售圖書價值一〇六八萬元，實現利潤七十五萬元。伊通滿族藝術團演出與對外交流達一百五十餘場，觀眾六十二萬人次，年收入十二萬元。文化產業增加值達四億元左右，文化產業已經成為全縣新的經濟增長點。

▲ 閱覽室

▲ 二〇一三年圖書館智力競賽

## 圖書館

圖書館堅持「以人為本」，以培養「四有新人」為目標，以優質服務為前提，加強資源信息流通服務工作，改善服務條件，提高服務質量和效率，為倡導全民閱讀和建設書香社會創造良好條件。

隨著讀者人數增多，圖書館直接面對的讀者對象達到二千四百餘人。為滿足讀者需要，圖書館增加各室的開放時間，借閱室實現每天連續九小時開放制度，電子閱覽室、兒童閱覽室實現每天八小時開放制度。

全國文化信息資源共享工程是一項政府興辦的文化創新工程、民心工程，是公益性建設項目，有著巨大的社會效益和廣闊的發展空間。作為全國文化信息資源縣級支中心，主要通過衛星設備和互聯網從國家中心下載廣大群眾喜聞樂見的視頻資源、文獻資源為廣大群眾服務。新建有機房、電子閱覽室、多媒體放映室。機房配有三十臺電腦，多媒體放映室配有投影儀一臺，電子幕布一個，全套音響。基本實現了接收、加工、發布視頻資源和文獻資源的功能，同時制定了完善的管理和開放服務制度，促進了文化資源的共建共享。

開闢多種途徑整合信息資源，如購入最新實用農科資源，上網下載、複

▲ 東北師大專家與外國專家來圖書館參觀

製、收集報紙書刊、電視廣播裡的相關信息等,組織專人負責收集整合,內容涉及農業科技、法律、教育、醫療等多種貼近群眾生產生活、學習娛樂需求的各類視頻資源,為共享工程工作的開展提供資源保障。結合地方特色收集整合滿族文化、抗聯戰跡地文化資料,建立起有地方特色資料數據庫。

圖書館和東北師大聯合(推行總分館制),建立基層服務點五十八個,分館一個(成立永青分館,並在分館內新增圖書 3000 多冊,電子圖書 500 盤。)

充分藉助計算機技術和圖書館管理軟件來提升圖書館各項業務工作管理。圖書館已全面實現圖書採編、流通、檢索自動化管理,圖書館的各項內務統計都已實現電腦操作、有序化管理。圖書館建立館藏書目數據庫已有三年,數據庫數據已達三五八八〇條,計有一六五〇〇冊圖書。為了確保數據庫數據安全與規範,採取必要措施,對數據庫進行經常性的、制度性的維護,同時做好三臺服務器、六臺工作機、三十臺電腦的維護保養工作。除此之外,利用完備的

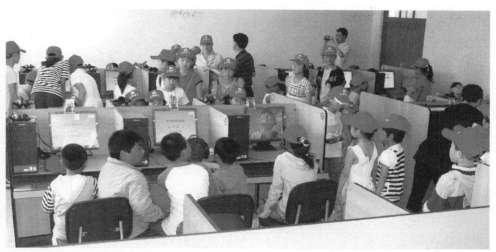

▲ 圖書館電子閱覽室

現代化設施和信息技術手段，為讀者提供課題研究資料檢索及複印、刻錄等服務，並堅持每月更新圖書館網頁，建立信息服務平臺，實現資料服務及信息發布的網絡化。

　　抓好基層網點的建設，把伊通鎮、小孤山鎮、靠山鎮及河源鎮建立的五個基層站點做到位，使其得到完善。為形成縣級分中心、鄉鎮基層服務點、村屯基層服務點的「網絡梯形服務模式」，打下良好基礎。在網點建設過程中，館班子和相關人員制定有關規章制度，深入農村調研掌握第一手資料，現場指導網點工作人員如何做

▲ 東北師大專家與外國專家來圖書館毛澤東書齋參觀

好組織活動、檔案記錄的業務工作。在有條件的情況下可以為基層分中心和服務點提供圖書、農科光盤等相關資料，廣泛開展普法送科技活動。在省、市、縣文化部門的重視關懷下，全縣各鄉鎮共建有二十八家圖書室、電子閱覽室，並配備了先進設備。如今的農民朋友足不出戶就能瀏覽到自己想要的資料，進一步滿足了廣大讀者的需求。

舉辦圖書宣傳週，開展了以「保護文化遺產，弘揚民族文化，建設社會主義價值體系」為主題的多種活動。其中與滿族小學聯辦的「迎奧運，講文明、樹新風」知識競賽活動，取得很好效果。

二○○九年四月二十日，中美圖書館員交流視察團來圖書館視察工作，美國伊利諾州大學圖書館、美國紐約州立大學圖書館、中國圖書館學會秘書處、東北師範大學圖書館的專家來到伊通圖書館，對綜合閱覽室、兒童閱覽室、多媒體電子閱覽室進行了視察，對伊通圖書館工作給予高度評價，在縣級圖書館

▲ 圖書館電子閱覽室

中達到了領先水平。特別是文化長廊展示板，弘揚了滿族文化，尤其是對薩滿文化的挖掘和整理，彰顯了圖書館的服務特色，成為伊通圖書館的品牌和特色。

▲ 外教興致勃勃地觀看圖書館中的毛澤東書齋

開展科技支農服務。圖書館認真搞好科技資料收集整理工作，根據農民的科技需求，對西葦鎮養花專業戶鄭金海等進行技術輔導，組織輔導人員深入大孤山鎮建設共享工程基層服務點，聯繫安裝、測試有關事宜，使其能夠儘快聯網，儘快服務

▲ 小朋友喜歡的網頁

於民。配合農村黨員幹部現代遠程教育，圖書館的共享工程面向農村、農業、農民服務，積極在農村建立網絡平臺。已在小孤山鎮建立了第一個基層服務網點，並初見成效，為農民放映的「科技養豬新技術」講座，為小孤山鎮街西村的生態養豬提供了及時的科技信息，並取得了經濟效益。

配合中小學現代遠程教育，體現共享工程的教育職能，在靠山鎮中心校建立了服務網點，並利用大屏幕投影儀為學生服務，播放《雷鋒》《張思德》《傅

雷家書》等有教育意義的影片和講座，豐富學生的課餘生活，使學生寓教於樂。

結合學習社會主義榮辱觀教育，利用重要節日在小區中心廣場內開展放映宣傳活動。護士節在圖書館放映了《火災現場自救與互救》《南丁格爾》等有知識性、教育性的片子。舉辦了「延伸服務，深化服務，提高社會效益」為主題的圖書宣傳週活動，在圖書館門前擺攤設點，進行現場借閱，解答諮詢，並且利用大屏幕播放具有現代教育意義的影片《大閱兵》，通過這些活動的開展，使圖書館與讀者的距離越來越近，而且也深受讀者的歡迎和好評。引進了毛澤東書齋（由退休幹部馬學忠收藏）等四個窗口，舉辦了「圖書送軍營」「免費圖書日」「送書下鄉」「毛澤東圖書像章展覽」等活動。

在圖書宣傳週活動中，圖書館與大橋外語聯合舉辦的圖書宣傳週暨慶「六一」活動深受社會各界和新聞媒體關注。

在實施共享工程的過程中，不斷拓展共享工程的服務內涵和方式，充分利用這一全新的工作載體條件，切實面向農村、社區、學校，開創了基層文化工作的新局面。充分發揮公共圖書館的陣地作用，在電子閱覽室每週推介優秀欄目、名家講座、生活常識、電影及優秀地方劇目，每個星期六上午利用投影儀播放名家講座及影視劇，常年堅持。利用星期天節假日播放百部愛國主義教育影片，科普類等影片，舉辦思想道德建設方面的講座、名著賞析等，引導未成年人多讀書，深受廣大市民的歡迎。圖書館經過深入調查，根據農民的需求，下載家禽飼養、苗木、花卉栽培等相關信息刻錄成光盤發到村民手中。送科技下鄉是實施「共享工程」又一具體舉措，結合城區的實際情況，有選擇地推廣科技知識，讓廣大農民不斷感受到先進科學和現代文明。

## 文化館

為了滿足群眾日益增長的文化生活的需求，伊通滿族文化館努力挖掘滿族文化的特色，完善城鄉公共文化服務體系，以文化館為龍頭，以各鄉鎮文化站

▲ 文化大院演出

和各單位、社會業餘文藝團隊為依託，開展了豐富多彩的文化活動。這些文化活動，豐富了廣大群眾的文化生活，在省內外產生了良好影響，擴大了伊通文化的知名度。

二〇一二年一月八日，文化館組織館內職工、滿族藝術團部分演員去營城子鎮雜木村劉振嶺一家拍攝滿族特色專題片。一月九日，由吉林省電視臺《說實在的》欄目在伊通鎮建國村文化大院錄製節目《喜慶新年》，正月初四在吉林電視臺播放。一月十一日，文化館參加吉林省農村文化大院會演，伊通鎮永青村、建國村、邵家村文化大院演出的舞蹈《福到滿家》榮獲優秀獎。

二〇一二年八月由伊通文化館推薦的五四村文化大院演員郭崇，代表吉林省參加了中國非物質文化遺產保護中心、中國戲劇家協會、天津市文化廣播影視局、天津市廣播電視臺、天津市寶坻區人民政府舉辦的（寶坻杯）環渤海評劇電視大賽評劇票友大賽，獲得「優秀票友」的稱號。

二〇一三年六月二十七日，文化館參加由文化部和山東省政府共同舉辦的「喜迎十藝節・全民共歡樂」全國群眾文化優秀節目惠民展演中，伊通文化館選送的群舞《滿風神韻》在展演中獲好評，獲得「喜迎十藝節・全民共歡樂」

▲ 省電視臺在建國村文化大院錄「説實在的」節目

▲ 廣場秧歌

▲ 藝術團演員　　　　　　　　　　　　　　▲ 看演出的觀眾開懷大笑

全國群眾文化優秀節目惠民展演優秀節目獎。縣文化館充分發揮了帶頭和示範作用，積極參與文化活動，三十名舞蹈演員個個精心排練，使群眾文化活動能夠上一個新的臺階。在縣內，舉辦了迎五一「勞動者之歌」大型文藝演出；慶祝建黨九十二週年群眾文化廣場文藝晚會；九月十七日，文化館和黃嶺子先富村舉辦農民秧歌會演。

▲ 景臺鎮的文化大院演奏嗩

▲ 滿族小學的滿鄉故事會

▲ 春節團拜會演出

二〇一四年七月，參加省文化廳舉辦吉林省文化節精品文化節目巡演首場演出。八月，吉劇《有貝公》參加吉林電視臺鄉村頻道舉辦的《花開桃李梅》的錄製；赴中央電視臺《我愛滿堂彩》欄目進行節目錄製。二〇一四年九月，赴內蒙古興安盟突泉縣參加內蒙古現金鄉鎮現場會演出。在縣內，開展節慶文化活動，讓老百姓樂起來。舉辦了二〇一四年春節團拜會、迎新春書畫展、元宵節晚會、「群眾路線教育實踐活動」成果攝影展、慶「三八」晚會、慶「五一」晚會、慶「六一」晚會、「七一」黨旗在我心中專場演出、「八一」演出、縣慶演出、全縣教育系統美術書畫展、教師節演出、「勿忘國恥、振興中華」紀念「九·一八」專場演出、國慶節歌唱祖國專場演出；策劃全縣中小學滿鄉故事會；普及推廣健身舞、廣場舞，舉辦民族舞、拉丁舞培訓班。二〇一四年，文化館與教育局等單位聯手舉辦了滿鄉故事會活動。

群眾性文化培訓活動全面鋪開。二〇一三年，縣文化館堅持常年免費開放美術、舞蹈、書法培訓班，接受培訓的基層人員達上千人次。文化館的專業人員深入全縣各文化大院進行專業輔導達三百六十餘次，接受輔導人員達四千餘人。走基層作風在全縣文化惠民工程發揮了重要作用。文化館免費開放形體訓練室、美術學習室、體育健身室，社區村屯文藝骨幹培訓和綜合講座室。舉辦了文學創作培訓、美術輔導班培訓、書法攝影培訓、形體培訓、業餘群眾文化理論培訓及對各文化站及村屯和社區的文藝骨幹的素質培訓班，參加人數三百餘人。

幾年來，縣文化館為農村文化大院和社區文化活動室配送演出服一千餘套、鼓樂件一百三十餘件，並為文化大院、社區活動室製作了群眾文化統一標識。

## 檔案館

伊通滿族自治縣檔案館是國家綜合檔案館，檔案工作是黨和國家事業的重要組成部分，檔案館從一九五九年建館以來，經過近五十年的建設，已經成為

▲ 檔案館內部陳設

全縣檔案事業的主體，永久保管各類檔案的基地，進行科學研究及各方面工作利用檔案史料中心。一九九八年十二月，伊通檔案館在全省市縣檔案館目標管理考評工作中被晉陞為「吉林省一級檔案館」。

　　一九九五年縣直機關機構改革後，檔案局主要工作職能有以下幾個方面：一是負責宣傳貫徹國家《檔案法》、檔案法規，對全縣《檔案法》《吉林省檔案條例》和檔案法規執行情況的監督檢查，會同有關部門審理、查處違反《檔案法》案件；二是負責對全縣機關、鄉鎮、企事業單位檔案工作的檢查指導；三是負責全縣檔案工作人員教育、培訓、持證上崗和組織開展檔案學會工作；四是負責接收和徵集檔案資料，檔案館館藏檔案資料的管理、

▲ 檔案館組織集體學習

鑑定、統計、提供利用工作；五是負責開放檔案、編輯出版檔案文化產品；六是負責館藏檔案資料的縮微複製和檔案搶救保護工作；七是負責現行文件資料的諮詢及查閱服務、電話信函及其他通訊方式的查閱服務；八是負責向社會各界告知現行文件管理中心收集到的最新文件信息以及檔案整理、編目、鑑定、寄存服務等。

▲ 上街進行檔案工作宣傳諮詢

縣檔案館館藏各類檔案基本情況　截至二〇一四年十月末，縣檔案館館藏民國、革命歷史、文書、科

▲ 檔案工作人員學習

技、音像、婚姻、照片等十大類檔案，總量突破十萬卷（件）。

民國檔案四十二卷；革命歷史檔案五卷，館藏革命歷史檔案主要包括一九四七年和一九四八年東北行政委員會、吉林省政府、伊通縣政府關於成立機構，人事任免，土地登記頒發地照，朝鮮人歸國，徵糧解決糧荒，文物古蹟保護，軍烈屬撫卹費，安置榮譽軍人，駐軍供給等方面內容；新中國成立後檔案十萬卷（件），主要包括文書、科技、音像、婚姻、照片等十大類檔案，檔案館數據庫共有機讀目錄三十五萬條，極大地方便了查閱利用；報刊、原著、資料一萬一千本（冊）。

面向社會開放館藏檔案　近年來，已經向社會公眾開放滿三十年的檔案，共九十四個全宗，三九二三二卷（件）。開放檔案的種類有舊政權檔案、革命

歷史檔案和現行檔案。實現了檔案信息資源共享，累計提供館藏各類檔案一三七四九卷（件）。館藏檔案為各級領導決策、發展縣域經濟、編史修志、編寫《伊通滿族自治縣年鑑》、惠及民生發揮了重要作用，進一步提高了檔案的社會服務效能，產生較好的社會效益，促進了全縣檔案事業持續穩定發展。

第二章
——

# 文化事件

千百年來，一代又一代伊通各族兒女在構建自己精神家園的過程中，在創造自己文化標識的道路上，雖踽踽獨行，卻矢志不渝。他們為民族文化的發掘、保留和傳承付出了艱辛的努力。使滿族文化在浩如煙海的各民族文化中清晰地呈現出來，逐漸發展成帶有民族文化元素的文化現象和文化事件，如康熙東巡的故事，伊通滿族藝術團在上海世博會演出，國際薩滿文化研討會專家來伊通參觀考察，啟文書院、二旗校的建立，伊通滿族傳世文物在京展出，伊通滿族博物館落成，兩部伊通縣志的出版發行等，都將成為伊通文化發展史上的美談，為今人後世留下寶貴的精神財富。

# 康乾東巡留詩篇

▲ 康熙東巡狩獵圖

　　康熙三次東巡，乾隆四次東巡。狩獵是東巡的重要內容，沿途率親軍行圍打獵，視察山川地形。康熙第一次東巡是在康熙十年（1671 年）九月三日，由北京起駕經過蓮花街、葉赫去吉林烏拉。

　　康熙二十一年（1682 年），康熙帝第二次巡視盛京、吉林烏拉一帶。康熙此次來吉林，實質是來謀劃抵抗沙俄侵略，保衛東北邊疆的鬥爭，這為後來的雅克薩保衛戰奠定了勝利的基礎。三月二十一日，吉林將軍巴海率八旗精銳二百人，至中途阿爾灘諾門（大孤山）地方迎駕，一路行圍狩獵，於三月二十五日到達吉林烏拉地方（今吉林市）。經過開原東部的盛京圍場時（這已經進入伊通境內），康熙與皇族、大臣圍獵騎射，告誡眾人不忘先祖馬上得天下的歷史，教導大家要強身健體以荷國家大任。圍獵時，一隻斑爛猛虎躍出，康熙帝

彎弓搭箭，將虎射殺。第三次是經古北口、蒙古喀喇沁旗、建平境內、科爾沁旗、伊屯門（長春市郊），到吉林烏拉（吉林）。康熙第二次東巡時，從盛京東行的第十天，住在三丸山下，即大寒蔥頂子，第十一天行了四十里，在誇蘭山住下，並改賜誇蘭山為「壽山」。康熙二十一年四月，康熙東巡返程途中駐蹕小孤山；同年，在伊巴丹站駐蹕；九月初十，駐蹕哲裡木盟後，從伊通邊門進入吉林。皇帝來巡視伊通邊門，伊通邊門將士感到很榮幸。康熙寫下了《柳條邊望月》詩：

雨過高天霽晚虹，關山迢遞月明中。
春風寂寂吹楊柳，搖曳寒光度遠空。


乾隆皇帝弘曆四次東巡分別是在乾隆八年（1743 年）、十九年（1754年）、四十三年（1778 年）、四十八年（1783 年）。其中，第三次東行是通過大御路，其他三次都是從承德東行，返程全部通過大御路回到京師。

乾隆十九年（1754 年），清高宗弘曆（乾隆）東巡經伊通，並於大孤山東面大營城子屯東的驛路上停輿，觀看這裡的古城遺址。

七月初五，從承德啟程，經內蒙直趨吉林，沿途舉行圍獵。八月初，行至吉林柳條邊附近時，寫下兩首詩，其一為《柳條邊》。乾隆帝在一首題為《碧柳圖》的詩序言中說：今歲至吉林，應進伊通邊門，取路少北而東，故遙見。

乾隆皇帝在《入伊通邊門》的詩中寫道：

部落行將遍，吉林望不遙。
迎人山色近，礙路漲痕消。
村墅經楓葉，邊牆進柳條。
初來原故土，所遇匪新招。
瞻就心何切，勤勞竟豈驕。

省方逢大吉，寶穡報豐饒。

乾隆皇帝在《柳條邊》一詩中寫道：

西接長城東屬海，柳條結邊畫內外。
不關厄塞守藩籬，更匪春築勞民憊。
取之不盡山木多，植援因以限人過。
盛京吉林各分界，蒙古執役嚴誰何。
譬之文圍七十里，圍場豈止逾倍蓰。
周防節制存古風，結繩示禁斯足矣。
我來策馬循邊東，高可踰越疏可通。
麋鹿來往外時獲，其設還與不設同。
意存制具細何有，前人之法後人守。
金湯鞏固萬年青，詎系區區此樹柳。

▲ 圍場封堆，康熙東巡時打獵經過這裡

康乾東巡期間，康熙五十年（1711 年），在伊巴丹建了戲樓，在大孤山建了青雲觀。康熙乾隆東巡，給伊通民間留下許多佳話，如康熙爺哨鹿、神鹿救康熙、康熙乾隆帝邊門賦詩、伊丹戲樓的傳說、康熙做夢、乾隆帝觀對聯、「起駕山」傳說等。

# 啟文書院建立

啟文書院於光緒十年（1884 年）修建，其舊址在伊通水利局道南四趟草房一帶。計有頭門三間，東西肄業房十間，講堂五間，老師的臥房、書房等五間。整個書院有三層院落，圍牆皆用磚砌，房屋亦皆磚木結構，屋頂覆青瓦，獸面、勾滴、鴟吻皆備。門皆彩繪，頗見堂皇。

書院，是封建社會中官辦或官紳集資、捐款興辦的學堂，除了教授儒學經典課程外，有的還傳授某些專業技能或行使考試考場的功能。清代吉林各地的書院，就是這種形式的教書育人機構。那時，吉林地處東北邊塞，經濟落後，文化教育事業剛剛起步。來吉林任職的一些思想開明的官員，十分重視教育事業，據當時的文獻記載，吉林各地的書院在不同時期培養了大批人才。

光緒十年（1884 年），距離伊通州僅百里的長春府署通判李金鏞捐建養正書院，其址位於今長春市南關區大經路東一帶。李金鏞為了改變「書院缺如，無以培植人才」的狀況，帶頭捐俸銀千兩，在他的帶動下，各界紛紛捐助，光緒十年（1884 年）始建，這項善舉不脛而走，風傳千里。

在李金鏞捐建養正書院的影響下，伊通州修建書院也提上議事日程。修建啟文書院由當時伊通知州貟啟章首議，鑒於朝廷拿不出錢，建設這座書院的資金主要由當時的官紳捐資解決。貟啟章首捐銀兩並責成伊通紳董齊長貴負責繪圖、監修。齊長貴視修書院如己事，並捐銀二百兩，勤勤懇懇，任勞任怨，書院乃成。書院告竣時總耗資一百二十六兩白銀，齊長貴亦因督造有功，被吉林將軍賜賞一五品頂戴之功牌。

啟文書院是吉林建立較早的書院之一，自建成之日起就成了伊通學子接受文化教育的場所，書院課程設置是從當地和書院實際出發，課程內容為四書五經、詩文等。書院為伊通興教書育人之風氣、培養優秀人才做出了貢獻。

# 二旗校的建立

二旗校創辦於光緒三十四年（1908年）二月初九日，校址在今伊通縣城住建局院內，是專為當年正黃、鑲黃二旗子弟設立的學校。有青色磚瓦房十一間，其中，正房五間為辦公室和宿舍，東西廂房各三間為教室。由二旗公署撥官地一千餘坰作校地，以其收入為辦學之資。今伊通滿族自治縣西葦鎮、伊通鎮頭道村、營城子鎮新家村等地當年皆有該校校地。起初，入校學生必須是滿族九歲以上的男孩。一九二六年以前，設初、高兩個年級，其中，初級分甲班和乙班，學期各三年，加高級班三年，共九年。後來改為六年，開設國文、算數、自然、地理、歷史、音樂、體育七門課程。高級班在七門課程之外，加英語。開設之初有教員十餘人，學生百餘人。民國以後，該校由官辦改為民辦，學生由兩個班增加到六個班，共三百餘人，教職員二十餘人。並附設「時雨」女子中學，入學仍限於旗籍子女。

二旗校共存在三十八年，先後培養了很多滿族知識分子，他們在不同歷史時期裡，都為社會做了一定貢獻。其中，為共和國立下卓著功勛的有：關山復、關豁明、于寶和、毛誠等。

▲ 二旗校合影

# 伊通滿族傳世文物在京展出

　　一九八六年六月，按照中共吉林省委領導「在搶救、挖掘、蒐集、整理民族文化遺產中，要重視滿族文化遺產的發掘工作」的要求，伊通縣委決定成立發掘滿族文化遺產辦公室，抽調幹部，組成徵集文物工作隊。同時，設立伊通縣挖掘滿族傳世文物辦公室，開展徵集滿族傳世文物，研究考證伊通滿族歷史淵源，為設立伊通滿族自治縣提供歷史依據和輿論支持。至一九八七年初，徵集文物三百二十種一三四〇件，並於同年三月二十五日進京展覽，引起國家民委和在京滿族名人的關注。攝製《吉林省滿族文物展覽紀實》和《尋古探勝伊通州》兩部錄像片，在縣內外播放，廣造輿論，為建立自治縣奠定基礎。

　　一九八七年赴京展出後，引起社會各界的極大關注，進一步推動了滿族傳世文物的徵集工作。一九九二年八月二十四日，縣滿族民俗館落成，已徵集文物三百餘種，一千八百餘件。

　　吉林省滿族傳世文物（主要是伊通收藏的文物）展覽在北京民族文化宮舉行。文物布展於民族文化宮一樓西廳，展出滿族傳世文物三百種一千五百餘件。分為四個部分：歷史遺跡，傳世文物，薩滿祭器，生活習俗。

　　一九八七年三月二十五日上午九時，舉行隆重的開館剪綵儀式。時任全國政協副主席楊靜仁、呂正操，時任中共中央統戰部部長閻明復、顧問江平，全國群眾文化協會會長周巍峙，時任全國人大民族委員會主任溥傑，滿族知名人士關山復、胡絜青等領導同志和參加第六屆全國人大、全國政協會議的部分代表，中央電視臺、中央人民廣播電臺、中國國際廣播電臺、北京電視臺以及《人民日報》《光明日報》《中國婦女報》《人民日報》（海外版）《大公報》《北京晚報》《吉林日報》等報社記者，滿族史學專家、學者和在京的部分老滿族及一些其他民族同胞出席了開幕式並參觀了展覽。

　　參觀之後，呂正操、溥傑、關山復、胡絜青等領導同志在民族文化宮十一

樓禮堂出席了由專家、學者、滿族知名人士、新聞記者一百餘人參加的座談會。座談會由原吉林省民族事務委員會副主任趙德安主持，吉林省民族研究所研究員富育光向與會同志介紹了吉林省挖掘滿族文化遺產的情況。著名清史專家學者王宗瀚、馬學良等高度評價了吉林省挖掘滿族文化遺產的科學價值。

▲ 楊靜仁、呂正操等觀看了滿族傳世文物展

座談會結束時，愛新覺羅‧溥傑、滿族學者完顏佐賢、著名滿族作家老舍夫人胡絜青、原北京市民委副主任趙書等揮毫題詞、賦詩。

展覽會於四月五日結束，歷時十天，除接待國內觀眾外，還

▲ 胡松華在滿族傳世文物展座談會上

接待了美國、瑞典、朝鮮、日本等國際友人以及港、澳同胞，共十一萬餘人次。

此次展覽在國內引起了巨大反響，中央人民廣播電臺、中央電視臺、《人民日報》《光明日報》《中國婦女報》等十餘家新聞單位進行了專題報導。《人民日報》（海外版）、中國國際廣播電臺用三十五種語言向全世界報導了展出盛況。

# 伊通滿族博物館落成

伊通滿族博物館，原稱伊通滿族民俗館，始建於一九八七年六月二十五日，為滿族傳世文物發掘、整理、收藏、研究和保護單位，隸屬縣民族宗教局。該館被吉林省社會科學院定為研究、實習基地。先後被中共吉林省委宣傳部、四平市委、市政府和縣委、縣政府定為「愛國主義教育基地」，被國家旅遊局授予 4A 級旅遊單位。

二〇〇八年十月十六日，被中國民族博物館確定為中國民族博物館伊通滿族分館。

滿族文物發掘　一九八七年伊通滿族傳世文物赴京展出，引起社會各界的極大關注，進一步推動了滿族傳世文物的徵集工作。到一九九二年八月二十四

▲ 伊通滿族博物館

日，縣滿族民俗館落成，已徵集文物三百餘種，一千八百餘件。

一九九八年，伊通滿族自治縣建立十週年之際，再次向全縣各界徵集文物，同時還得到長春市、通化市等地的滿族同胞的支持，他們獻出了極為珍貴的文物。不僅增加文物數量、擴大文物的種類，也提高了文物檔次。到二〇〇〇年末的十五年間，為搶救、發掘、蒐集、整理滿族傳世文物，縣財政先後投資十餘萬元，共徵集文物六百一十二種，三二四五件。

館藏與展覽　一九八七年，伊通滿族自治縣滿族民俗館徵集文物以來，文物數量逐年增多，質量不斷提高，至伊通滿族博物館建成，館藏文物已達六百多種，四千多件。分為歷史淵源、滿族生產習俗、生活習俗、禮儀習俗、文化習俗、信仰和古今伊通等七個類別，分別陳列於五個展廳，配有文字說明，並附以照片、模型、圖表等。

為了向世人展示

▲ 伊通滿族博物館

▲ 博物館之冬

▲ 依將軍功牌

▲ 赫爾蘇驛站鐵鐘

▲ 博物館收藏的扇車子

滿族悠久的歷史、燦爛的文化、輝煌的成就，二○○一年初，伊通滿族自治縣自籌資金六百萬元，建成了占地一萬平方米、建築面積三千五百平方米的滿族博物館並投入使用，館內展示陳列文物四百一十種，二○一○件。為了進一步增強博物館的功能，二○○七年，伊通滿族自治縣又投入資金五百六十萬元，擴建二千二百平方米，主要用於擴大薩滿文化、民族經濟和增設民俗演示、學術報告、遊客服務中心等。展廳內容的不斷充實完善，使館藏的文化底蘊更加深厚。

　　建館以來，先後接待各界人士、海外客人達五十餘萬人次。已被吉林省委、省政府，四平市委、市政府和縣委、縣政府確定為愛國主義教育基地；被吉林省社會科學院確定為學術基地和薩滿教研基地；吉林師範大學滿族文化研究基地及長春師範學院薩滿文化教學研究基地；吉林省民族研究所滿族文化研究基地。二○○七年，被國家民委確定為「民族團結進步教育基地」。二○○八年四月，被國家旅遊局確定為 4A 級旅遊景點。二○○八年十月，被國家文物局批准為國家民族博物館伊通分館，並舉行了隆重的揭牌儀式。

　　博物館的社會功效　伊通滿族博物館自創建以來，為全縣的旅遊發展作出

▲ 伊通滿族博物館

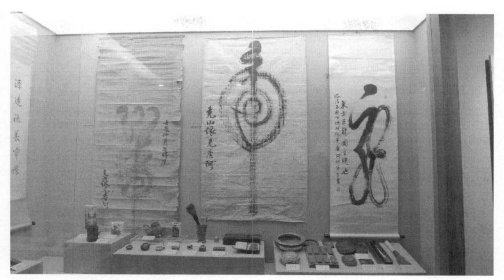

▲ 博物館珍藏的依將軍手書

了積極貢獻，取得了巨大的社會效益。由於博物館的創建和發展，其影響日益廣泛，成為宣傳伊通、宣傳滿族的窗口，成為幹部、群眾、學生學習滿族歷史文化的園地和課堂。

伊通滿族博物館創建以來，為建設經濟強縣、文化名縣發揮了不可替代的作用。在未來的事業發展中，伊通滿族博物館將繼續秉承「傳承和弘揚民族文化」的辦館方針，擴大規模，提升品位，突出特色，完善功能，進一步夯實基礎設施建設，加強宣傳力度，加強行業間的交流與合作，充分發揮應有的作用。

為傳播滿族歷史文化，提高文物博覽工作水平，總結滿族歷史文化研究成果，做到館內外結合，拓寬傳播滿族文化領域，擴大博物館的影響，提高伊通的知名度，博物館先後會同吉林省新聞出版局、吉林省民族研究所合編《圖像中國滿族風俗述錄》，同四平市電視臺合作錄製《伊通滿族博物館》宣傳片，同吉林省社科院錄製《薩滿巡禮》電子讀物等。編寫出版二〇〇七年吉林省社科項目《滿族文化的起源與發展》。

# 《伊通縣志》《伊通滿族自治縣志》出版

　　根據中共吉林省委關於編修市、縣志的部署，中共伊通縣委於一九八一年七月組成伊通縣志編纂委員會，一九八五年初開始撰寫初稿，一九八七年末完成三十三卷一百四十萬字的《伊通縣志》初稿。一九八八年初進入總纂，採取邊總纂定稿（徵求意見稿），邊打字印刷，邊組織各界討論，徵求意見的方式。到一九八八年末，三十三卷志稿全部完成徵求意見工作。其間，有一五七〇人次參與志稿的審查、修改。一九八九年初，先後報送四平市、吉林省地方志編委會審查驗收。一九八九年十二月十五日，省、市地方志編委會對《伊通縣志》稿提出修改補充意見。經第三次修改補充後，於一九九〇年五月十七日由吉林省地方志編委會市、縣志審查驗收組驗收合格，批准公開出版發行。全書一百二十二萬字，志首附照片二百二十五幅，墨綠色平面硬紙板書皮，燙金字書名，護封繪以古伊通州神韻圖案。

　　伊通的修志工作一直走在全省的前列，取得了豐碩成果，先後三次被省、市地方志編委會評為修志工作先進單位。一九九三年九月，在全國首屆新編地

▲《伊通縣志》《伊通滿族自治縣志》封面

▲ 《伊通滿族自治縣志》套封

方志優秀成果評審中，《伊通縣志》榮獲一等獎。有十五部鄉鎮志、專業志被省地方志編委會選送北京中國歷史博物館，在全國首屆新編地方志優秀成果展覽會上展出。二〇〇六年十月，《伊通滿族自治縣志》出版，共一百一十四萬字。

　　《伊通縣志》的出版發行，填補了伊通歷史上無志書的空白，也彌補了伊通無檔案的缺憾，實現了伊通廣大群眾渴求有本縣志的夙願，得到全省方志戰線的推崇，受到廣大伊通籍人士的熱烈歡迎。

# 七星詩會成立

　　七星詩會由伊通縣文化局和文聯聯合創辦。一九七六年後，一大批詩歌作者迅速成長，文化館專門舉辦創作培訓班，青年詩人薛衛民、施立學、李芊芊、劉鳳琴、劉挺、張景成、付民印等人，一直走在詩歌創作的前列。作品從《吉林文藝》《吉林日報》，走向《光明日報》《人民日報》等報刊，一時引起轟動。七星詩會，為廣大的文學愛好者開闢了施展才能的廣闊天地，使伊通的文學創作進入了嶄新的發展階段。

　　一九八二年八月二十六日，首屆七星詩會在縣電影公司召開，全縣五十三名詩歌作者參加賽詩。省作協詩人文牧、戚積廣，《東遼河》編輯部主編李沫，編輯張常信，《參花》編輯部徐敬亞等人應邀參加詩會。詩會評出一等獎五名，二等獎七名，三等獎九名，四等獎三十二名。詩會結束後，《參花》《東遼河》《紅色社員報》編輯部發表詩會作品二十一首。

　　第二屆七星詩會於一九八四年八月十四日至十五日由伊通縣文聯主持在伊通縣二道鄉石門水庫召開。二十一位業餘詩人吟詩五十首。

會後，選出四十三首印刷成冊，書名為《七星詩會》。

第三屆七星詩會於一九八五年二月在伊通縣圖書館召開。共有三十二名業餘作者，四十八首詩參賽。會上評出一等獎四人，二等獎十人，三等獎二十人。詩會對提高作者的創作熱情、提高創作水平起到了巨大推動作用。

繼七星詩會之後，一九九〇年三月三日，伊通滿族自治縣詩詞學會成立。一九九〇年十一月，學會編輯出版一期格律詩詞新作選《伊通詩詞》，收錄詩詞作品四百首，發行之後引起強烈反響。後來又編輯出版了《山水煙霞集》《七星詩苑》，選編了全國各地詩人作品一千三百多首。詩集發行全國甚至海外，博得了國內外廣大專家、讀者的好評。伊通滿族自治縣詩詞學會積極組織詩詞活動。先後組織了二道石門水庫筆會、南山筆會、大孤山采風、楓葉谷之旅、紀念毛澤東誕辰一百一十週年等詩會，組織詩詞研討會、培訓會，對新入門的詩詞愛好者進行創作輔導。學會隊伍逐漸壯大，作品越來越多，質量越來越高。截至目前，全縣共有詩詞學會會員一百二十餘名，市級詩詞學會會員三十二名，省級詩詞學會會員十五名，中華詩詞學會會員六名。出版詩集（含個人詩集）十三部，創作詩詞萬餘首，在國際國內報刊和網絡上發表一千五百餘首。其中，影響較廣的是已經出版的五本詩集《七星詩苑》，收錄近三百位作者的詩詞四千多首。

《七星詩苑·慶祝建黨九十週年專集》是由縣詩詞學會、縣文化新聞出版和體育局聯袂打造的一本向中國共產黨成立九十週年的獻禮書，這本詩集共徵集到二百五十一位作者的詩詞達千首，其中包括北京、上海、遼寧、黑龍江、山西、江蘇、廣西等十八個省、市、自治區的域外詩友及本省、本市和兄弟市縣區一百三十位詩友的詩作二百餘首。在詩稿徵集過程中，全縣詩詞愛好者滿懷激情，潛心創作，或濃墨重彩地吟詠重大歷史事件，或選取一個歷史鏡頭放懷抒情，或頌揚革命先烈和老一輩革命家的豐功偉績，或描述改革開放後祖國的巨大成就和城鄉日新月異的變化，洋洋灑灑，盡展才華。同時，選編了八幅我縣早期黨的代表人物的照片，以緬懷他們的革命業績，還選編了一組反映我縣政治、經濟、文化等成就的照片，以豐富詩集的內容。

# 第七屆國際薩滿文化研討會專家到伊通參觀考察

　　吉林省是中國薩滿文化流布的一個重要區域，至今仍保存著很多薩滿文化遺存。在滿族、蒙古族等十多個民族中都傳承著薩滿文化，而生活在吉林省的滿族就有十一萬多人。

　　二〇〇四年八月二十二日，第七屆國際薩滿文化學術研討會在長春開幕。各國專家、學者除了就薩滿文化問題展開深入研討外，還對吉林省內的薩滿文化遺存進行詳細的科學考察。

　　來自中國、澳大利亞、法國等二十個國家的一百三十多位薩滿文化研究資深專家學者就國際薩滿文化的歷史價值、科學價值、文化價值及藝術性、區域性、當代性等方面進行了廣泛深入的研究與探討，並對具有中國地域特色的薩滿文化遺跡進行了學術考察。八月二十四日，國際薩滿學會主席、第七屆國際薩滿文化學術研討會組委會主任米哈伊·霍帕爾等一行專家學者到伊通滿族博物館和牧情谷薩滿文化陳列館參觀考察，他們饒有興致地觀看了存世幾百年的珍貴薩滿祭祀文物，並給予高度評價和讚賞。

▲ 薩滿文化專家來到牧情谷

# 《焦點訪談》欄目組到伊通圖書館專題採訪

二〇〇九年四月二十二日，中央電視臺《焦點訪談》欄目組就伊通滿族自治縣圖書館如何藉助東北師範大學圖書館的圖書資源和電子信息技術，完善縣級圖書館，滿足縣城人民群眾的閱讀需求進行了專題採訪，並親臨電子閱覽室瀏覽了相關網站。二〇〇九年五月十八日，中央電視臺《焦點訪談》欄目以「讓圖書資源得以共享」為題播出。

▲ 中央電視臺《焦點訪談》欄目到伊通圖書館專題採訪

無論在城市還是農村，人們都希望通過圖書館滿足信息和文化需求，但各個圖書館的藏書量卻非常不均衡，有的一年有上千萬元的購書量，有的卻幾年沒有增加過一本新書。如何讓這些藏書貧富不均的圖書館做到資源共享，讓無

書可讀、無報可看的讀者也能在公共圖書館裡讀書看報？吉林省在省內成立了圖書館聯盟，努力探索各個圖書館的資源共享。為解決資源更為匱乏的縣級圖書館讀者看書難、借書難的問題，高校圖書館主動與基層圖書館簽訂手拉手幫扶協議。伊通縣圖書館在與東北師範大學圖書館結成幫扶對象後，不僅得到了該校的捐贈，還建立了網站，實現了藏書數字化管理，讀者感到十分方便。把資源盤活、讓圖書流動，經濟發展程度不同地區的讀者有希望平等地享有公共文化資源。館際互借、資源共享，有助於把公共文化資源延伸到更廣泛的區域、有助於逐漸填平人們的知識溝。圖書資源共享，提升了伊通滿族自治縣圖書館檔次，大大拓寬了伊通讀者的閱讀面。

▲ 中央電視臺《焦點訪談》欄目到伊通圖書館專題採訪

# 伊通滿族藝術團在上海世博會演出

　　二〇一〇年六月六日，上海世博會吉林省活動周隆重舉行，伊通滿族藝術團的演員們盛裝演出了《清宮宴樂曲》《福到滿家》《蟒式空齊》《狩獵舞》《麗人行》等多臺滿族傳統舞蹈，並展示了六種不同樣式的滿族特色服裝，連續表演了五天。身穿厚重的滿族服裝、頭頂齊頭、腳踩花盆底鞋的演員們克服了悶熱的天氣和場內舞臺環境簡陋等困難，為參觀者帶來了一場場精彩紛呈的表演。每場演出過程中，現場都會響起熱烈的掌聲和歡呼聲，遊客們紛紛上前與演員拍照留念。他們的表演吸引了眾多遊客到吉林館參觀，讓參觀者更深入地瞭解了滿族文化特色和我省的民族風情。僅活動周啟動當天，就有超過五萬人次的遊客到吉林館參觀。在短短五天的時間裡，共有近二十五萬人爭先觀看吉林省伊通滿族藝術團獨具特色的歌舞表演。由此，中國的滿族文化被推向了世界舞臺。

▲ 伊通滿族藝術團在上海世博會演出

# 伊通滿族歌舞在《歡樂中國行·魅力四平》舞臺上展風采

　　二〇一一年九月二十二日，中央電視臺《歡樂中國行·魅力四平》節目播放了伊通滿族藝術團的開場舞《滿風神韻》和極具滿族特色的舞蹈《大煙袋》，吸引了全國的億萬觀眾。《滿風神韻》是把薩滿祭祀元素融入舞蹈語言之中，氣氛莊重熱烈，場面宏大，令人耳目一新，心靈為之震撼。《大煙袋》反映了東北滿族勞動婦女在與嚴酷的生存環境抗爭之中形成的開朗潑辣的性格，動作戲謔歡快，表情生動誇張，令人忍俊不禁。伊通滿族藝術團成為伊通的一張名片，為傳承源遠流長的民族文化，打造民族文化對外宣傳的品牌，發揮了獨特的作用。

　　《歡樂中國行·魅力四平》是四平市與中央電視臺聯手打造的精品節目，是歡樂傳遞的組合，更是文化傳播的組合。通過形式多樣的節目，向全國觀眾展示四平獨特的文化魅力、風土人情，宣傳四平豐富的旅遊資源，和諧的發展畫卷，全方位、多角度、立體化地展現四平這座英雄城悠久厚重的歷史文化、淳樸濃郁的民俗風情和獨具魅力的城市形象。

▲ 舞蹈《滿風神韻》

▲ 滿族民間舞蹈《大煙袋》

# 「長春後花園──伊通民俗風光攝影展」在長春舉辦

　　伊通是距吉林省會長春最近的縣城，物產豐富，山清水秀，擁有全國唯一的侵出式火山，已相繼開發了大孤山旅遊風景區和西尖山火山大廈等旅遊景區。為了進一步加強對外宣傳，擴大伊通在長春的知名度和影響力，為把伊通建設成為長春後花園營造良好的輿論環境，二〇一〇年十一月二十四日上午，縣委、縣政府在長春市文化廣場舉行了「長春後花園──伊通民俗風光攝影展」開展儀式。原省級領導，省委宣傳部、省文聯、省旅遊局、省新聞出版局、省民委和長春市有關部門、單位領導及有關企業負責人，中央駐長有關媒體及省、市新聞媒體記者，縣領導和相關部門領導，共八十多人參加了開展儀式。此次展出持續兩個半月，展出二十塊展板，以獨特火山群、千年慈母河、新興能源城、滿族尋根地等主題，對伊通的自然風光及滿族民風民俗文化起到

▲「長春後花園──伊通民俗風光攝影展」開展儀式

了很好的宣傳作用。

　　由吉林攝影出版社出版、伊通滿族自治縣委宣傳部、縣旅遊局共同編輯完成的《長春後花園——伊通民俗風光攝影集》，在長春首發，共收錄伊通鄉土攝影家的攝影作品一百六十八幅，集中反映伊通的歷史、民俗、山水風貌。在開展儀式前，舉辦了《長春後花園——伊通民俗風光攝影集》首發式。

　　在伊通堅持面向長春、依託長春、與長春融合發展定位的今天，《長春後花園——伊通民俗風光攝影集》成為長春市民瞭解伊通的一個窗口。

▲ 原省級老領導在攝影集首發式上

▲ 省攝影家協會領導觀看伊通攝影展

# 說滿語，寫滿文，滿鄉掀起學習滿語的熱潮

　　自二〇一〇年東北師範大學滿語言文化研究中心伊通師資培訓基地成立，正式開啟了滿鄉學子學習滿語的熱潮。同年七月，滿語作為地方學科在伊通全縣小學五年級開課。經過所有熱心於滿語教育工作者五年的共同努力，伊通滿語教育在課程設置、師資培養、教學研究、課堂教學及滿文書法等各個方面都取得了階段性成果，伊通滿語教育教學教研文化初步形成。

　　五年間，伊通共舉辦五期滿語教師培訓班，共培養滿語教師七十四人，受訓教師達到三百餘人次，為滿語教學提供了素質較高、數量充足、年齡結構合理並能夠滿足滿語教學需求的師資隊伍。

　　按照「教研支撐、典型引路、主題研討、網絡推進」的原則，進修學校成立了滿語教研室，由兩名專職人員從事滿語教學培訓、教研和指導工作。二〇一〇年十二月十六日在滿族小學召開了首屆滿語教學主題研討會，二〇一三年五月二十一日在伊通鎮第四小學召開了「激發學習興趣，親近滿族文化，提升滿語課堂教學生命力」主題教學研討會。二〇一四年《小學滿語學習手冊》《小學滿語教學參考用書》的成功編寫，為滿語教學指明了方向。同年十月十六日在伊通鎮第五小學召開全縣小學滿語學科「新教材，新教法」課堂教學展示會。開啟了伊通滿語教學的新篇章。組織了滿語教師教學技能大獎賽，開展了滿語優秀教學案評選，舉辦了兩期滿文書法筆會，進行了滿語課堂教

▲ 「激發學習興趣，親近滿族文化，提升滿語課堂教學生命力」主題教學研討會

▲ 滿文書法

▲ 滿語課演示

學聽評課指導。

一分耕耘，一分收穫。五年間，已有一萬餘名小學生進行了為期一年的系統的滿語學習，有鄭輝楠、李云麗等六名滿語教師的觀摩課被評為縣級優質課；先後有劉博、孟祥宇、宮宏偉等六名教師在縣教育局舉辦的滿語教師技能大賽中分獲一、二、三等獎；共有九幅滿文書法代表作品在二〇一一年東北師範大學主辦的第一屆滿文書法筆會上獲獎，有二十一幅作品在省筆會紀念冊《責任》上發表；在二〇一三年東北師範大學主辦的第二屆滿文書法筆會上，伊通共選送作品一百二十幅，有十二名師生現場書寫展示；在兩屆筆會的文藝會演中伊通滿族教師和同學們表演的文藝節目受到與會領導和同志的高度讚譽。二〇一四年進修學校在滿族博物館舉辦「滿園春色書畫展」及伊通書畫展上，滿語軟硬筆書法以其獨特的結構內涵贏得了與會領導的讚賞。滿語作為文化的載體已經根植於這些滿族後裔的心中，滿文書法、文體之花在古老的滿鄉伊通這塊沃土上盛開。滿語教師們懷著民族的自尊心和自豪感，帶著一份責任和感情，繼續在滿語教育這塊希望的沃土上耕耘和收穫。

第三章 ——

# 文化名人

伊通自古鍾靈毓秀，人傑地靈，武有將軍，文有翰林，如龍虎將軍依克唐阿、翰林青天齊耀琳、威震敵膽的姬興周、抗戰詩人穆木天等。他們或怒向刀叢，或口誅筆伐，為民族的解放用鮮血和生命譜寫了驚天地、泣鬼神的壯麗詩篇，在人類歷史上留下永恆壯麗的瞬間，照亮後世前行的路。今天，在廣袤的伊通大地上，一批文化菁英，如孫英林、張鴻飛、趙傑、施立學等，他們正踏著先烈的足跡，率領文化大軍，用如椽巨筆，在家鄉的土地上書寫新時代的美好篇章。

# ▌龍虎將軍 —— 依克唐阿

　　依克唐阿（1832年-1899年），字堯山，滿族鑲黃旗人，生於伊通城南馬家屯。歷任墨爾根副都統、瑷琿副都統、琿春副都統、黑龍江將軍、盛京將軍。

　　盛京將軍依克唐阿，有「東北三省海外天子」之稱。依克唐阿一生忠勇，熱愛祖國，以民為本，功績卓著。

▲ 依克唐阿征戰圖

　　從一八六九年到一八九九年這三十年間，依克唐阿一直在瑷琿、墨爾根、呼蘭、琿春、遼東等邊防前線任職，他帶領東北邊疆的兵民，英勇抗擊沙俄和倭寇的入侵。依克唐阿在抗擊日俄侵略，維護國家主權和領土完整的鬥爭中，

立下了卓著的功勳，受到朝廷器重，被授為頭品頂戴鎮守盛京等處將軍。

　　依克唐阿在任呼蘭副都統期間，極力倡興文教。依克唐阿在治軍從政多年的實踐中，深深感到加強和發展地方文化事業是建設邊疆、改變民風吏治的根本。他親自發布公告，採用觀風考試（對讀書人進行命題式的文化考試）的方法獎勵學習成績優異者，促進文教昌興。他自己「雖屬武行」，但卻「略清文法，雅有愛士憐才之癖」，他「下車觀民風，甲乙其文，優獎之士，始彬彬向學」，認為「士俗為民風之本，文章亦道德之華」。在治軍教民之餘，經常鼓勵大家讀書習字，認為只有「文教昌明」，士氣才能「蒸蒸日上」，社會風氣才能純正。如果不「創立學校，求賢士，相與振興文教，實不足以正風俗而化民氣」，鼓勵生童士人讀書或「處暗修」，或「出遊學」。光緒六年（1880 年）三月五日舉行觀風考試，對成績優異者「懸榜曉示」「酌給筆資」以行勉勵。「江省文風」之所以「東荒特盛，巴彥尤著」，是和依克唐阿「夙興夜寐」地積極努力在此打下的基礎分不開的。依克唐阿十分關心邊疆的教育，從為給滿漢官學及義學撥款事札就可以看出他的良苦用心：「滿、漢官學以及義學各學生均系八旗子弟，多有寒苦之客，無力供給紙筆，著由糧餉處雜款項下籌撥滿、漢官學錢壹千吊，義學錢壹千吊，均交戶司妥為經理生息，永遠作為三學學生津潤，以示體恤，幸勿積欠廢弛可也。」

　　依克唐阿在任琿春副都統期間非常重視當地文化的發展。在隨吳大澂與外國人接觸和交涉的過程中，依克唐阿深感培養翻譯人才的重要性和緊迫性。光緒十三年（1887 年）依克唐阿在琿春創辦了中俄書院，從琿春、三姓和寧古塔中選八旗子弟及漢族青年入院學習俄語，以培養外交人才。這些措施給琿春來了生機，使這個偏於一隅的邊陲小城一時出現了少有的繁榮。

　　依克唐阿十分愛惜人才和注重扶持人才，曹廷傑就是他十分器重並視為知己的傑出人才。依克唐阿感到曹廷傑才思敏捷，知識廣博，特別是對歷史地理研究具有濃厚的興趣和卓越的才幹，具有考察研究東北歷史地理的才能，是位不可多得的人才，對東北邊防有著重大意義。於是鼓勵他集中精力進行東北

邊防的考察，做出計劃，要人給人，要錢給錢，支持他全力以赴做好這件對國家對民族有益的大事。曹廷傑以探俄有功，由吉林將軍希元、欽命幫辦吉林邊務事宜鎮守琿春副都統依克唐阿保奏送京引薦，被光緒皇帝召見。曹廷傑的調查報告對東北的防務有極大的貢獻，他的許多建議被朝庭採納。

依克唐阿十分敬佩知識淵博、行為儒雅的大學問家吳大澂，在琿春與其共同勘界的過程中虛心向吳大澂學習。吳大澂一生勤於治學，為清末著名學者，書畫家、金石考古家、文字學家。其書法以篆書最為著名。他的篆書大小參差，淵雅朴茂，在當時是一種創造。他對金石文字有精深的研究，拓寬了對先秦文字研究的視野，使他的篆書從中汲取了不少營養。他一生喜愛金石，並工詩文書畫。著有《說文古籀補》《古玉圖考》《權衡度量考》《愙齋集古錄》《恆軒所見所藏吉金錄》《愙齋文集》等。是學富五車的大家。對於酷愛學習，崇尚知識的依克唐阿來說，吳大澂是位最好的先生，他與吳大澂建立了深厚的友情。

依克唐阿雖然自幼家貧未讀詩文，但從軍後閒暇時刻苦識文練字，寫得一手好字和好文章，尤其擅長書寫「龍」「虎」二字，被譽為「虎將軍」。依克唐阿的書法作品傳世不多。現在面世的四件「龍」「虎」作品分別保存在伊通滿族博物館和吉林省博物院。

▲ 琿春龍虎亭與龍虎石刻　　　　　　　　　　▲ 琿春勘界立的土字碑

# 清末翰林、「青天」──齊耀琳

齊耀琳（1863 年-？），字震岩，伊通州四檯子人。光緒十九年舉人，光緒二十一年（1895 年）二甲十名進士，翰林院庶吉士。

光緒二十四年（1898 年）後歷任直隸曲周知縣。任中，關心民眾，經常微服私訪，體察百姓疾苦，為民作主，披星戴月，理民訴訟，任內無冤案發生，當地民眾呼為「齊青天」，傳為佳話。由於政績卓著，官級遞升，相繼出任河間、保定、天津知州，天津道尹，直隸按察使、提法使。宣統三年（1911 年）任河南布政使、河南巡撫。

▲ 齊耀琳像

中華民國二年（1913 年），齊耀琳任吉林民政長。中華民國三年（1914 年）任吉林巡按使，中華民國六年（1917 年）任江蘇省長，代理江蘇督軍。

齊耀琳出身於書香門第，受良好的傳統家風影響，自幼得到較好的教育和薰陶，終成大器。齊家於光緒朝先後有齊紳甲、齊忠甲、齊耀琳和齊耀珊叔侄四人考中進士。齊耀琳書法、詩詞作品頗豐。

齊耀琳性格平和剛正，自律甚嚴。一生為官清正廉明，從不以私害公，一貫主張唯才是用，平生從未因戚屬舊誼而濫任私人。政務之暇喜作詩文，習練書法。他極力反對應酬、庸俗之作。此間，盛行官吏貪污、受賄、任人唯親之風，而齊耀琳卻一塵不染，實為與眾不同清官。

▲ 齊耀琳書法作品

# 重教興文的舉人 ── 郭星五

▲ 郭星五像

郭星五（1861 年-1940 年），名永達，字景垣，滿族，伊通州二十家子人。十歲入私塾讀書，光緒四年（1878 年），戊寅文庠生，光緒十七年（1891 年）辛卯科舉人。

郭星五曾於民國初年在郵傳部供職，後任浙江龍游、金華、上虞各縣知事。任中，他同情百姓疾苦，努力減輕工、農、商各業捐稅。在官員中倡導廉政奉公，反對貪污受賄。每到一縣，先審理在押犯人，糾正無辜冤案。在龍游任內，最初，獄中囚犯七十餘眾，一年中親自審理，發現不少案情中有隱情，遂逐一詳查內幕，使冤獄昭雪。離任時，獄中案犯減至四十人。昭雪者無不感恩戴德，當地有百姓攔路舉香跪道高呼「郭青天」的佳話。

郭星五於民國十七年（1928 年）辭職返鄉後，興辦教育，開設私塾，執教十五年。他關心家鄉教育，曾發起集資修繕校舍，出資援助辦學，桃李芳香，門生成才者頗多。他從嚴治學，師生共勉。

郭星五心地善良，熱心慈善事業。對貧困戶的婚喪嫁娶，時常予以資助。歉收之年，主動減免佃戶地租，或於家中設立舍糧米點，每月初一、十五為舍米日，救濟乞討者。

# 現代詩人、翻譯家、學者——穆木天

穆木天（1900 年-1971 年），原名穆敬熙，出生於吉林伊通。現代詩人、詩歌理論家、翻譯家、教授。

一九一四年，穆木天畢業於伊通縣立第一小學校，一九一五年入讀吉林省立中學，後轉入天津南開中學，一九一八年畢業，一九一九年官費留學日本，先入東京第一高等學校特別預科，翌年入京都第三高等學校改學文科，一九二三年三月畢業，同年四月入東京帝國大學文學部，攻讀法國文學，一九二六年畢業。

穆木天就讀南開中學期間，曾參加由周恩來發起成立的進步文學團體「敬業樂群會」，成為該會學報編輯成員。一九二一年參加了以郭沫若為首的進步文學團體「創造社」，是七個發起人之一。就讀東京帝大期間，受法國象徵派

▲ 穆木天（前排左三）在日本留學時留影，前排左一為周恩來

文學的影響很大，對象徵主義創作方法曾做過深入的研究和介紹，有不少詩作均收入詩集《旅心》，因此，被稱為中國象徵派主要詩人和象徵主義詩歌理論奠基人之一。

一九二六年，穆木天從東京帝國大學畢業回國，先後執教於廣州中山大學、北京孔德學院、天津中國學院。一九二九年，回到東北，在新建立的吉林大學任教。一九三〇年年底，因向學生介紹進步文學作品、宣傳革命思想被校方解聘。

在吉林大學任教期間，由於目睹日本軍國主義的肆虐、軍閥的腐敗統治以及人民群眾的痛苦和反抗，他在詩歌創作上，一改象徵主義流派，走上現實主義的創作道路。一九三一年，在上海加入左翼作家聯盟，負責詩歌組工作。一九三二年九月，與任鈞、楊騷等人共同發起成立中國詩歌會，並於一九三三年二月在蒲風、柳倩等協助下，編輯出版了《新詩歌》雜誌。他在發刊詞中表達了中國詩歌會的宗旨，「我們要捉住現實」「要歌唱反帝、抗日，那一切民眾高漲的情緒」，並要「把這種矛盾寫成民謠、小調、鼓詞」「使詩歌變成大眾的歌調」，這篇發刊詞反映了時代對詩歌創作的要求。此間，他創作了《在哈拉巴嶺上》《守堤者》《掃射》等反映東北人民的苦難和英勇鬥爭的著名詩篇。

一九三三年，他與劉芝明等從事援助東北義勇軍工作，曾任「禦侮自救會」秘書長。他不辭勞苦，四處奔走，發表演說，寫詩文，致力於抗日救亡工作。由於他無情地揭露和抨擊侵略者的罪行和反動當局的賣國行徑，國民黨當局於一九三四年六月將其逮捕，後迫於輿論壓力，於九月釋放。

上世紀三十年代起，穆木天還致力於外國文學的研究和翻譯工作，他是我國第一部《法國文

▲ 穆木天抗戰詩歌手稿

學史》的譯著者，巴爾扎克長篇小說《歐貞尼‧葛朗代》（今譯作《歐也妮‧嘎朗臺》）第一部中譯本出自他手，他還是我國最早介紹蘇聯文學的譯者之一，譯著甚豐。

一九三七年，上海「八‧一三」事變後，穆木天與夫人彭慧攜子女撤退到武漢，他與原中國詩歌會成員杜談、宋寒衣、柳倩等聯合在武漢的青年詩人蔣錫金、伍禾、葉平林、丁民等成立時調社，繼續為實現原中國詩歌會的宗旨而奮鬥，他與蔣錫金共同編輯出版詩刊《時調》《五月》，深受廣大群眾歡迎。

一九三八年，穆木天積極參加籌建中華全國文藝界抗敵協會工作，為該會發起人和理事，並任該會機關刊物《抗戰文藝》編委。八月，撤退到昆明，穆木天任文協會雲南分會常務理事，親自寫文章進行理論指導，培養文藝新兵，為雲南抗戰文藝的發展和地方文化建設做出很大貢獻。

穆木天於一九三八年至一九四○年間（一九三九年到中山大學任教）寫下許多富有鼓動性的詩篇，收入詩集《新的旅途》，而《月夜渡湘江》《寄慧》等詩則是現實主義與浪漫主義相結合的佳作。一九四二年，為抗議中山大學校當局對進步學生的迫害，與夫人彭慧憤然退還該校的聘書，同被開除的學生一起離去。

一九四二年至一九四六年任桂林文協理事，繼續從事翻譯工作，後到桂林師院任教。抗戰勝利後，因所寫《為死難文化戰士靜默》《二十七年了》等詩作，揭露國民黨反動派的黑暗統治，對即將來臨的新中國寄予無限的期望而受到特務的威脅，被迫離開桂林。一九四七年到一九四九年，在上海同濟大學任教，同時從事翻譯和進步文化工作。

新中國成立後，穆木天先執教於東北師大。一九五二年，到北京師範大學擔任外國文學和兒童文學兩教研室主任。他帶病勤奮工作，為建立這兩個學科的教學體系奠定了基礎，培養了一批師資力量，為我國高等學校文學教學和研究做出很大貢獻。

穆木天於一九五七年被錯劃為「右派」，後夫婦二人在「文革」期間被迫

害致死，中共十一屆三中全會後得到平反昭雪。一九八一年十一月，北京師範大學師生代表在八寶山革命公墓為穆木天夫婦舉行追悼大會，全國文藝界、教育界的代表及有關黨政領導出席了大會，對穆木天一生做出了公正的評價。

# 名冠遼瀋的老書法家——李正中

▲ 李正中像

李正中（1921年-　），吉林伊通人。一九四一年畢業於長春法政大學法學系，遼寧省著名書法家、作家。

李正中自幼時起即習書讀詩，稍長尤鍾情於古典詩詞創作，十七歲時即有詩詞習作集問世。曾任《東北日報》專刊編輯，《東北文學》主編。一九三九年出版詩集《筍》，一九四四年出版詩集《七月》，現為瀋陽市文史研究館館員，遼寧省楹聯學會名譽理事，瀋陽市書法家協會顧問。

自幼年開始臨習北魏辭版，師從東北名宿王光烈、孫常敘先生，探究秦篆漢隸，融舊出新，別具一格。一九三八年即入選首屆全東北美展書法部，獲佳作獎及中日首次書法聯展特獎，是尚健在的東北老書法家之一。書法多次入選全國及省、市書法大展並屢屢獲獎，作品廣泛為各處美術館、博物館、大專學校收藏或鐫刻上石。曾在瀋陽及哈爾濱由當地書協組織舉辦李正中詩書展，開創書寫自作詩詞風氣。書藝之外，復致力於文學及舊體詩詞創作。出版有小說、散文、新詩集等，還出版舊體詩詞四卷。

一九三六年，他十五歲時考入吉林一中，這是一所著名學校。在這所學校裡，他不僅遇到了兩位影響他一生的老師——李文信和孫常敘，而且還在這座城市裡找到了自己的紅顏知己——後來成為東北淪陷區著名作家的朱媞。兩位恩師給了他超拔的學識、詩人的氣質和不俗的書法境界；朱媞則給了他愛情、親情和創作激情，並與之攜手終生，成為東北淪陷區文學創作中的著名夫婦作家。李正中的中學時代就頗逞才情，經常在報刊上發表詩歌、散文。一九四一年，李正中畢業於長春法政大學法學系。一九四三年三月與朱媞在長春結婚。

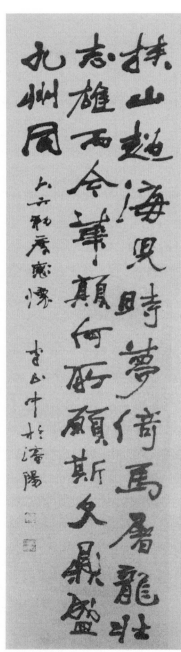

挟山趋海现时梦倚马屠龙壮志雄而今华颜何所顾斯文晟盛九州同

六和屠庶怀

李正中于瀋陽

▲ 李正中書法作品

一九四六年，李正中夫婦於哈爾濱參加東北民主聯軍，在參加了「三下江南，四保臨江」和「遼瀋戰役」後，定居瀋陽。在瀋陽六十年間，他被誤解過，遭審查過，既做過車間的裝卸工，又做過石棉製品廠紅專學校的校長。「文革」期間還曾下放到建昌縣鹼廠公社東大杖子大隊，茅簷蓬窗，瓦灶繩床，過了十年戴月荷鋤、積肥薅草的勞作生活。一九七九年回到瀋陽後，繼續到原廠任職至離休，同時聘為瀋陽市書法家協會副會長、瀋陽市文史研究館館員。

九十年的歲月，對於李正中來說，可謂大起大落，經歷頗多。從知名作家到軍旅戎裝，從做工務農到著名書法家，不管是騰達還是落寞，焚膏繼晷，兀兀窮年，他始終如一地保持著清高而低調的人格本色。

一九四五年八月，抗戰勝利。李正中第一時間在長春和朋友創辦了《光復日報》，並任主編，同時還任《東北文學》月刊主編。一九四六年，他參加了東北民主聯軍，從此逐漸告別了文學創作，直到一九七九年，他從農村回到瀋陽，才又拿起筆來。

一九七九年以後，李正中老當益壯，筆耕不輟，先後以常風、里予、李一痴、李少秋、李莫等筆名在《吉林日報》《長春日報》《友報》《消費者報》《瀋陽日報》《瀋陽晚報》《文匯

讀書週報》《青少年書法報》《解放軍文藝》《詩林》等報刊上發表了大量詩歌、散文和隨筆。其中多篇文章都能有針對性地提出問題，針砭時弊，切中肯綮。

晚年的李正中先生雖然性情更趨低調與淡泊，他對生活卻一如既往地充滿了熱愛，這也在他的散文創作中表現出來。如二〇〇七年創作的《有女兒真好》《耀眼的小花》等。其中，《耀眼的小花》一篇寫他家二樓南窗前沒有封閉的平臺上，鋪著十多塊勻稱的水泥板，相連接的隙縫塗著一條條黑色的瀝青，春天裡，在那狹窄的瀝青隙縫裡生出了一枝小花。

李正中在當今中國詩壇和書壇頗有影響。二〇一一年，中央美院編輯了一部《中國當代學人自書詩詞墨跡選》，選入三十三位在世的八十歲以上學者兼書家的自書自作詩，每人五首。此書彙集了當今中國學界和書界的大師級人物，如饒宗頤、馮其庸、周汝昌、周退密等，其中東北只有李正中一人入選。

晚年的李正中先生在書法創作上更關注的是書法背後的文化內涵，這方面他寫了多篇文章，或是批評，或是呼籲。如二〇〇七年六月十二日刊於《青少年書法報》的《詩文不容隨意寫》一文，針對當時書界聲譽頗著者的「佳作」，每每出現意想不到的文理不通或信筆竄改，甚至有見怪不怪，蔓延成災之勢的現象，提出嚴肅批評，並舉例當年《書法》雜誌第五期介紹的某個「百強榜人物」書寫的柳永詞條幅裡的錯別字說：「『簫』作『肅』，『吟』作『金』，『臨』作『望』，『年來』作『來年』，『恁』作『憑』，令人不忍卒讀。我孤陋寡聞，所見尚如此，如果博聞強記，那恐怕真會是駭人的另番風景了。」

通觀李正中的書法筆調，可謂紮實而又不失靈動，兩者風格結合得非常到位。說其紮實，是指每一字的點畫波磔、提按頓挫，均起迄分明，交代得清清楚楚，毫無含糊拖沓之處。說其靈動，是指落筆之時重處不濁不滯，不積不累，輕處血脈流貫，游絲掩映。至於用鋒的偏正藏露，也是隨機應變，交替互出，不主故常，從而達到一種豐腴而不剩肉，清勁而不露骨的效果。

身上頗有云林之風的李正中先生從未將自己視作什麼大書法家，當然更不

會給自己不喜歡的人寫字。在他心中，屬意的還是文學，自負的仍是當年淪陷時期的良知與血性。這一點，或正好比照魯本斯的話：「作家為了消遣，也寫點書法！」

# 獻身滿族文化發掘的「老夫子」──孫英林

孫英林（1927 年-2011 年），筆名林也，吉林省公主嶺人。一九六二年調到伊通縣委統戰部工作，一九八九年在伊通滿族自治縣政協離休。二〇〇五年三月受縣委回聘，擔任伊通滿族自治縣滿族文化研究中心副主任。曾兼任四平市書法家協會名譽主席，中國老年書畫研究會會員，中國硬筆書法家協會會員，中華詩詞學會會員，四平市詩詞學會副會長，中國書畫函授大學四平分校副校長，吉林省社會科學院滿族文學客座研究員。

孫英林少年時只讀過幾年私塾，沒有更多的上學機會。但他刻苦學習，習練書法堅持終生。他酷愛文史，常常手不釋卷，學以致用；他更愛書法，筆耕不輟。他性情友善，坦蕩平和，享有「老夫子」的美譽。

一九八七年，縣委決定在全縣開展「發掘徵集、整理研究滿族傳世文物」

▲ 孫英林（右）與專家觀賞新徵集的文物

工作，以研究探索伊通滿族歷史，時任縣政協副主席的孫英林擔起了這項重任。他按縣委的要求，組織建立了工作隊伍，並帶領工作人員，全面開展了滿族傳世文物的普查徵集工作，走家串戶，深入滿族家座談，去各地文物市場調查。經過二十多年的艱辛操勞，徵集文物四千餘件。大量文物證明，伊通是滿族發祥地之一，並為伊通實行民族自治、設立滿族自治縣提供了歷史依據。隨著民族政策的落實，民族文化事業飛快發展，伊通滿族民俗館隨之建立。這些成果來之不易，孫英林功不可沒。

　　孫英林酷愛書法藝術。少時，他到一位中醫門下學中醫，整天抄寫藥方，既識字又習練書法，對書法產生了興趣，揮筆終生。他在書法藝術上造詣頗深，早已形成了嚴謹、清秀、飄逸的獨家風格。他的書法作品多次在國際、國內參賽，並多次獲獎，曾榮獲「國際華人書畫家」「當代書畫藝術名人」等稱號，書法藝術水平得到同行的普遍認可。他參加海內外書法大賽三十八次，獲獎作品被十五家博物館、藝術館收藏，被國內二十八個藝術院校館聘為藝術顧問、名譽主席、研究員。孫英林還極為關心書法藝術的傳承，引導更多人喜愛書法藝術。一九八二年，在伊通組織創建了中國書法函授大學四平分校伊通輔導站，成立伊通書法協會，他擔任書法協會主席，借此機會，傳授中國傳統的

▲ 孫英林收藏的古錢幣　　▲ 孫英林收藏的硯臺

書法藝術，培養廣大幹部群眾、青少年對書法藝術的興趣，讓他們走進書法藝術課堂。在他的引導和關懷下，全縣書法藝術的傳承取得了喜人的成績。

一九九〇年三月三日，在他的倡導和組織下，成立了伊通詩詞學會，孫英林任會長，詩詞創作活動很快開展起來。縣詩詞學會已度過二十四年，詩詞創作隊伍不斷發展壯大，創作詩詞萬餘首，出版《伊通詩詞》《煙霞集》《活頁詩選》《七星詩苑》《伊通火山神韻》《百合詩集》《柳邊草》《車風詩影》《遊蹤韻記》

▲ 孫英林向前來參觀的學者席慕蓉、葉嘉瑩等介紹博物館

等二十餘部詩集，一些優秀作品先後在省內外報刊雜誌上發表。

孫英林是縣內外資深的文博專家和收藏家。他的藏品種類繁多，且不乏珍品，如信函文獻、名家書畫、文房四寶、郵票郵品、糧票布票、旅遊門票、紙幣硬幣、煙標火花、金石印章和形態各異的打火機等。他的收藏成果曾被吉林電視臺多次報導。

孫英林從一九六二年開始收藏郵票，現已擁有三十多個國家和地區的郵票二百九十一枚，民國時期郵票三十三枚，偽滿時期郵票十枚，新中國建立後特別是「文革」時期的首日封、實寄封、紀念封千餘枚。

他收藏錢幣時間較久，種類數量頗多，較珍稀品種有：古貝幣、鬼臉銅幣、半兩銅幣、鵝眼幣、刀幣、鏟幣和各類花錢幣。其中半分錢到拾萬圓面值不等的紙錢幣，有民國、偽滿時期發行的紙幣、儲蓄券、官帖、官金等，還有

新中國成立後各時期發行的紀念幣。

他多年潛心收藏的商品流通票券，是我國在計劃經濟時期實行物資供給制度的記錄。其中，有二十個省（區）的布票二百三十八張，糧票二百九十六張，棉花票二十一張，煤票四十四張，肉票三十九張，還有油票、線票等計六百三十六張。

他的藏品中，文房四寶占有突出的位置，放射著奪目的光彩。他收藏的硯臺六十方，筆筒三十個，鎮紙六對。其中堪稱佳品的硯臺有雙龍紋飾端硯、翕硯、玉石硯、松花硯、澄泥硯、天壇硯、賀蘭硯、瓷硯和伊通火山群玄武岩雕刻的七星硯。

孫英林是一位優秀的文史工作者。他對伊通文史工作情有獨鍾。他關心編修地方志，蒐集整理地方文史資料，傳承滿族歷史文化。

孫英林在任縣委辦公室主任期間，積極倡導編修《伊通縣志》。一九八一年七月一日，縣委決定成立伊通縣志編纂委員會，設立地方志編纂辦公室，孫英林兼辦公室主任，開展了全縣修志工作。伊通開展修志早於全省修志兩年。他一直關心修志工作，為修志解決困難，把修志工作視為己任。此間，還親自參與創辦《伊通史話》（25 期）和組織編寫《伊通文史資料》，先後出版發行六期。

孫英林筆耕不輟，經常在報刊雜誌上發表文章。幾十年來，先後撰寫《伊通滿族古蹟和傳世文物考略》《伊通的由來及沿革》《虎將軍——依克唐阿》《談談伊通滿族》《淺談滿族民俗》《探索民俗底蘊、服務社會生活》《談談滿族文化對民族關係的促進作用》等十餘篇文章，分別在《吉林日報》《吉林農民報》《紅色社員報》《長白學圃》《伊通報》上發表。特別是在八十四歲高齡時，還撰寫一篇《回憶童年所見的民俗》，全文二千五百多字，也是孫英林老人給人世間留下的最後一篇文章。二〇一一年五月，孫英林被中國文聯授予「從事文藝工作 60 週年先進個人」。

孫英林於二〇一一年八月二十四日走完他八十五年的人生里程。有人撰寫

了一副輓聯，是對他不平凡一生的最好詮釋：

　　為黨為民，崢嶸歲月，情灑滿鄉，染伊水。
　　多才多藝，筆耕不輟，魂鑄文壇，照七星。

# 當代中國著名工筆畫家——張鴻飛

　　張鴻飛（1950 年- 　），滿族，吉林伊通人。曾任吉林省美協副主席，吉林省畫院副院長。現任中國美術家協會會員，國家一級美術師，文化部中國國際書畫藝術研究會副會長，中國畫學會理事，中國工筆畫協會常務理事，中國藝術研究院中國畫院藝委會委員、碩士研究生導師，享受國務院政府特殊津貼。

　　張鴻飛於一九七〇年十二月參加中國人民解放軍，一九七一年參加部隊駐地舉辦的美術創作班，其間，兩幅作品入選參加遼寧省美展。一九七二年瀋陽軍區舉辦美展，有三幅作品入選，其中《叔叔像雷鋒》被評為優秀作品。一九七三年九月參加遼寧省舉辦的國畫創作研究班，後被瀋陽軍區選送魯迅藝術學院學習。在校期間受到了系統的美術理論專業知識教育，得到了許勇、王義勝等諸多名師指導。其間創作的《草原新醫》入選全國美展，並被評選為優秀作品赴法國展覽（原作品被中國駐法使館收藏，複製作品被中國美術館收藏）。一九七五年被聘為魯迅美術學院兼職教師。一九七七年畢業後回到部隊，從事文化宣傳工作。一九八一年轉業任吉林省文聯美術創作室創作員，之後，相繼任吉林省畫院創作室主任，吉林省畫院副院長。二〇〇三年十二月，調任文化部中國藝術研究院中國美術創作院創作員，後任中國畫院藝委會委員、碩士生導師。

　　他的作品曾先後入選第六、第七、第八、第九屆全國美展，曾獲第七屆全國美展銅獎、第九屆全國美展銀獎、慶祝建黨七十週年全國美展銀獎、首屆關

山月中國畫創作獎（全國共五名）、全國扇面藝術展金獎、第二屆全國青年美展三等獎、紀念反法西斯戰爭勝利五十週年「正義、和平」國際美展金獎、第三屆全國年畫三等獎、黃賓虹藝術獎等國家級獎。四次榮獲吉林省政府頒發的「長白山文藝獎」，七次獲省級美展一等獎。作品入選百年中國畫大展，多幅作品被中國美術館、人民大會堂等機構收藏。在《人民日報》《解放軍報》《紅旗》《新華文摘》《新華月刊》《美術》《中國報導》等國家級報刊上發表近百幅作品，出版畫集七冊，包括《鴻飛工筆》《張鴻飛現代工筆畫選》《水墨情韻──張鴻飛》《中國當代書畫家──張鴻飛》《藝術與生活──張鴻飛》《經典・風範──張鴻飛》《典雅・中國當代工筆畫家作品系列──張鴻飛》。

二〇〇八年，張鴻飛受外交部委託，為美國前國務卿賴斯作肖像畫。作為我國知名藝術家，他多次參加文化部、中國文聯、中國美協等組織的對外文化交流活動，曾在法國、德國、俄羅斯、瑞士、瑞典、日本、丹麥、西班牙等多個國家進行文化考察、舉辦展覽和學術交流等。二〇〇七年，他出席中國文聯、中國美協組織的在瑞士日內瓦聯合國總部舉辦的「同一個世界」美術作品展覽開幕式。二〇一〇年，他參加中華文化促進會舉辦的中國藝術環球活動──中國藝術家赴阿聯酋、迪拜藝術展，並代表中方向迪拜政府贈送一幅作品。二〇一二年，參加中國友聯畫院組織的考察團訪問日本，參加在東京日中友好協會美術館舉辦的以紀念中日邦交正常化四十週年為主題的中國當代美術名家作品展，其間，拜會了日本前首相福田康夫。

張鴻飛是二十世紀五十年代出生的當代中國畫的實力派代表性畫家之一，他在駕馭人物的造型形式感和生活氣息、藝術情趣方面具有很強的優勢。他的作品注重反映生活，關注生活中生動的細節，作品蘊含著一顆追求善良美好和執著的心，並將對美的追求灌注在人物形象的塑造與表現中，因此，無論是反映古典題材、現代題材還是東北農村生活的作品等，都顯現出很獨特的唯美主義特質，表現出他對不同題材的理解深度和駕馭能力。同時，他注重人物細微的刻劃和表現，包括古典的人物肖像系列都具有形神兼備、趣味跟形式完美結

合的特質。

「路漫漫其修遠兮，吾將上下而求索」，雖然張鴻飛在繪畫藝術領域獲得許多榮譽，但他已不滿足對一般技法的繼承，他的眼光已經拓展到對傳統形式以及更深層美學思想的傳承。對藝術的無限追求，對生活的積極態度，對創作的澎湃激情，必然會使他的藝術之路越來越開闊。

# 中國滿學會會長、民族文化專家——趙傑

趙傑（1953年-　），滿族，吉林伊通人。一九七八年考入中央民族大學中文系，一九八一年因學習成績優異提前畢業，獲學士學位，留校在中文系任教。後考入北大中文系攻讀碩士研究生。一九八六年畢業獲碩士學位留北大東語系任教，一九九〇年考入北大中文系攻讀博士研究生，一九九四年獲博士學位。一九九六年破格晉陞教授，一九九八年遴選為博士生導師。

▲ 二〇〇三年春節在北大教授季羨林家中向季先生彙報在新疆創建的西域文化研究院發展情況

趙傑自一九九六年至二〇〇一年任教北大期間曾到日本、韓國、朝鮮訪問講學四年，二〇〇一年十一月從北大援疆、支寧，先後十三年，投身於西部教育和

▲ 二〇〇九年為北方民族大學研究生開設清代滿文課

民族教育，在申博成功、創建學院、文化西援、大學升格、開設新課、培養研究生等方面都功不可沒。趙傑在承擔教學、科研和學校的管理之餘，還赴各地考察調研，講學交流。他曾為全國人大常委會副委員長、全國人大民族委員會、國家民委機關以及寧夏民族宗教委廣東民族宗教研究院、北京社科院、新疆社科院、寧夏社科院、北大、清華、人大、北師大、南開、中央民大、吉大、蘭大和中國臺灣的政治大學、中興大學、東海大學、香港科技大學、中文

大學、建道神學院和美國的威斯康星大學、日本北海道大學、大阪市立大學、神戶外國語大學、富山大學、加拿大原住民大學、韓國首爾大學、高麗大學、延世大學、梨花女大、仁荷大學、忠南大學、全韓孔子學院、吉爾吉斯比什凱克人文大學、卡塔爾國家研究院等國內外諸多大學、院所做語言、民族、文學等方面內容的演講達一百三十餘次。

　　趙傑曾獲大阪國際科學家研究基金，韓國國際交流財團研究基金，大陸臺灣滿學特等獎學金，中國外交部駐韓大使館教育特別貢獻獎，全國滿學優秀成果獎，全國回族學優秀成果榮譽獎，全國民族雙語優秀成果一等獎、二等獎，寧夏社科優秀成果一等獎、二等獎，新疆優秀圖書一等獎，全國對口支援十大領獎先進個人，北京民族團結進步先進個人，感動寧夏十大人物，寧夏教育獎章獲得者，寧夏首屆教學名師，寧夏政府十大名譽館員等多項獎勵。

▲ 趙傑獲二〇〇九年度「感動寧夏十大人物」，在二〇一〇年一月二十八日寧夏人民會堂頒獎盛典上接受自治區領導頒獎和東方衛視主持人訪談

趙傑已出版專著十六部，其中，《現代滿語研究》《現代滿語與漢語》《北京話的滿語底層和輕音兒化探源》《滿族話與北京話》四部著作均被收入閻崇年主編的《世界滿學著作概要》。二十世紀八十年代，由愛新覺羅・溥傑題寫書名的《現代滿語研究》是中國第一部描寫黑龍江正在使用的滿語語言的專著，至今仍在國內外被廣泛引用。《東方文化與東亞民族》專著，由國學大師季羨林親筆作序，稱他與趙傑是「惺惺惜惺惺」。《漢語語言學》是首次以外國語和民族語作為參照系，從「廬山」之外看「廬山」來研究漢語的獨闢蹊徑之作。《從日本語到維吾爾語》集一人二十年之力，從日本經韓國、朝鮮、中國東北、內蒙古、寧夏、甘肅、新疆直到中亞，調研考察了近二十種語言，揭示了整個阿爾泰語系接觸與比較的規律。《新疆蒙古族語言研究》是第一部研究中國內蒙古之外蒙古族語言的專著，書中所研究對象均是作者在新疆調查的第一手鮮活的蒙古語材料。《絲綢之路語言研究》是作者利用在新疆掛職四年之優勢，研究了幾十種當地語言和文獻，理出了漢藏、印歐、閃含、阿爾泰四大語系交插磨合、互動互補的規律與線索。另外五本專著：《民族和諧與民族發展》《回族解讀》《回族釋讀》《東雨西滴》《中華民族共有精神家園論》均是從民族語言延伸到民族文化、理論、精神的著作，在黨和國家高層決策中產生了較大影響。趙傑還主編了《回族眾讀》《北方語言論叢》等期刊十五部，在《人民日報》《光明日報》《中國語文》《民族研究》《民族語文》等報刊發表各類文章二百餘篇。

　　二〇〇四年三月，趙傑在香港中文大學講學時被主持人張雙慶教授稱為「中國現代滿語之父」。二〇〇八年一月，寧夏回族自治區委宣傳部、寧夏社科聯、寧夏社科院、寧夏出版社和北方民大聯合召開「趙傑教授回族研究成果座談會」，有北京等七省市和俄羅斯等外國專家學者到會熱評趙傑的回族研究成果。二〇一三年八月，中國臺灣研究院文哲所、經學出版公司和大陸國際尚書學會在臺北南港聯合舉辦《趙傑文集》十五卷新書首發式暨座談會，兩岸與會學者好評如潮。二〇一二年十二月二十七日的中國民族宗教網、二〇一三年

第五期國家《民族畫報》分別以「當代張騫」「援西奇士」為題，長篇且圖文並茂地報導了趙傑的先進事蹟。

　　趙傑剛過六十歲退出正司職位，仍任北大教授博導、中心主任和北民大研究院長，現又被選為中國滿學會會長，將繼續為中國滿學的傳承、研究、弘揚貢獻力量。

# 東北民俗文化專家──施立學

施立學（1954 年-　），滿族，吉林伊通人。中國少數民族文學研究會圖騰文化研究會顧問，中國滿學會副會長，滿族文化研究生導師。

施立學勤奮聰穎，初中畢業後輟學，始終堅持自學，筆耕不輟，到一九七七年已在多家報刊發表文章七百多篇。同年恢復高

▲ 施立學在家中書房

考後，他以四平地區語文第二名的成績，考入四平師範學院中文系。

一九八二年一月，施立學大學畢業，先後到伊通、通化從事群眾文化工作。一九八三年調入吉林省文聯專門從事文學創作和民俗研究工作。

他是《中國民間故事集成·吉林卷》《中國歌謠集成·吉林卷》兩部書的責任編輯，主編了《中國民俗大系·吉林卷》等，總字數一百三十萬字。此外，他還主編了《關東作家文叢》《黑土地作家文叢》《長白山作家文叢》《赫爾蘇作家文叢》。同時參與編寫了《中華全國風土諺志》《中外民間詩律》《吉林大百科全書·風俗卷·文化藝術卷》《千萬個為什麼》和《中國民俗大觀》（上下集）。

施立學個人著述有散文集《故國神遊》《萬國攬勝》《淨月潭》，詩集《醉情山水》，關東民俗文化論文集《關東故事學》《東北年節》《中華童謠》《精品寓言百篇》《寓言三百則》等作品，得到專家學者的首肯。

近年來，施立學還在「長白山文化講壇」，「關東文化大講堂」，省市各大專院校、中小學、街道社區作關於《吉林地名與地域文化》《東北過大年》《民

間故事與東北地域文化》《發掘滿族文化資源，振興吉林經濟》《文昌帝君的前生後世》《滿族與東北地域文化》《東北方言》《祭灶與中國火神崇拜》《清明由來與習俗》《文化長白山》等內容的演講達數十場。

同時，他還在《人民日報》《人民日報》（海外版）《光明日報》《人民政協報》《中國文化報》《中國藝術報》《中國文化報》《解放軍文藝》《吉林日報》等全國百餘家報刊上發表文章三百餘篇。他的講演和著述都滲透出他對歷史與民俗文化的深刻思考。

施立學擔任長春滿族頒金慶典組委會會長，連續二十年舉辦長春滿族傳統節日頒金節慶典活動，參加人數達數萬人次；舉辦多次滿族文化研討會、滿族知識競賽、滿族風俗表演活動、滿族文化徵文活動。在省、市民委的關懷支持下，出版了滿族文

▲ 施立學做專題講座

化論文集——《長春滿族頒金慶典學術論文集》。

施立學身兼滿族歷史文化研究、保護和傳承的重任，他傾注全部精力，除了著書立說外，還充分利用各種機會積極提出建議、提案，出色地履行一位政協委員的神聖職責。

施立學自當選省政協委員以來，十分關注提案和建議的質量，深入實際，調查研究考證，弄清真偽，以確保提案的質量。他在二〇〇八年省政協會議上提出議案十九項，約占全省五百多位委員提案總數的十分之一。其中，他為寫好保護建設母親河的提案，曾八次去伊通河發源地青頂山至農安的伊通河門，即伊通河與飲馬河匯合處。二〇〇四年在全省政協會議上率先提出搶救伊通河

的建議。施立學在民俗文化傳承的道路上奔跑的腳步一刻未停，近幾年來，先後提出多項民俗文化建設方面的建議，其中有《改長春大馬路為民俗文化一條街的建議》《關於搶救與發掘烏拉街古鎮文化資源的建議》《加大力度宣傳長白山歷史文化風情園的建議》《關於恢復柳條邊伊通邊門與淨月潭柳條邊形成一條完整旅遊線路的建議》《關於修建中華孝賢文化園的建議》《關於搶救發掘我省非物質文化遺產的建議》《關於保護我省得天獨厚非物質文化遺產薩滿文化的建議》等。上述建議，有的已得到落實，有的正在落實中。

▲ 施立學參加奧運會火炬傳遞

施立學在漫長的滿族歷史文化研究道路上，找到了最適合自己的路，那就是東北地域歷史和民俗文化。他為吉林歷史與民俗文化資源的開發和利用，為振興吉林經濟做出了積極貢獻。

有耕耘就有收穫。施立學在東北歷史與民俗研究上取得了巨大成就，得到了社會的高度認可。他先後獲得國家文化部、國家民委、中國民間藝術家協會授予的先進工作者、藝術成果一等獎；獲得「吉林省民族團結進步先進個人」稱號：全國社會科學組委會「全國優秀社會科學普及名家」；長春市委、市政府授予他「少數民族立功建業優秀人士」。

施立學愛讀書，愛寫作，更愛藏書。人們欽佩他豐富的知識儲備，也羨慕他擁有四萬餘冊藏書的書房。他還養成了剪裁報紙的習慣，已經剪好裝訂成冊的「剪報集」二百多本。和他交談，就像打開一部東北民俗和滿族文化的百科全書，每一個詞，每一個短語，都是黑土地文化特有的詞條。

# 著名兒童詩人——薛衛民

薛衛民（1959 年- ），吉林伊通人。中國作家協會全委會委員，中國作家協會兒童文學委員會委員，吉林省作家協會副主席，吉林省作家協會駐會專業作家，文學創作一級職稱，吉林師範大學兼職教授。

薛衛民於一九七七年初在伊通縣文化局創作組工作（以工代干），一九七八年三月考入四平師範學院中文系，一九八二年一月畢業後分配到伊通縣委宣傳部新聞科，一九八四年調入四平文聯《松遼文學》雜誌任編輯。一九八五年加入吉林省作家協會，先後任吉林省作家進修學院創研室主任、教務主任，《作家之路》內刊副主編、主編，吉林省作家協會駐會專業作家。

作為詩人、兒童文學作家，薛衛民在國內有著廣泛的影響。自一九七八年起，他先後在《詩刊》《人民文學》《青年文學》《中國作家》《十月》《芙蓉》《星星》《兒童文學》《少年文藝》等多種重要文學雜誌上發表作品，多次參加國家舉辦的重要文學培訓和活動。

一九八三年五月，他參加《詩刊》社在北京西山舉辦的第三屆「青春詩會」。一九八六年至二〇〇〇年，他參加歷屆全國青年創作會議。二〇〇二年他當選中國作家協會兒童委員會委員。二〇〇四年三月，應香港特區教育統籌局邀請，他作為訪問學者參加香港教育統籌局委託香港教育學院舉辦的香港「童詩童話學與教學研討會」，並做《童詩與兒童的語言修養》專題報告，是此次研討會香港特區政府共邀請的四位作家和學者之一（其中大陸 2 人、臺灣 2 人）。二〇一〇年十二

▲ 薛衛民在美國拉斯維加斯考察

月，他應中國作家協會邀請，參加國家四大文學獎之一的全國優秀兒童文學獎（第八屆）評獎工作，任終審評委。二〇一二年當選中國作家協會全國委員會委員。二〇一三年三月應邀參加中國作家代表團出訪美國。同年七月他應中國作家協會邀請，任第九屆全國優秀兒童文學獎評委。

▲ 薛衛民在香港教育學院訪客中心，與孫幼軍先生合影

薛衛民自一九八四年出版第一部兒童詩集《含笑的花蕾》後，三十餘年間，先後出版了《快樂的小動物》（兒童詩集）、《寂寞的風景》（抒情詩集）、《森林城的霓虹燈》（兒童詩集）、《彩繪新童謠》系列（四本）、《為一片綠葉而歌》（兒童詩集）、《裸語》（散文集）、《右手》（抒情詩集）和《少年海總是很帥》（少年朗誦詩集）等優秀作品。

薛衛民先後獲第二屆全國優秀兒童文學獎、莊重文學獎、第四屆全國優秀兒童文學獎、第十一屆中國圖書獎、首屆冰心兒童圖書新作獎、上海陳伯吹兒童文學園丁獎優秀作品獎，上海《小朋友》雜誌和《少年文藝》雜誌由小讀者投票評選的「好作品獎」，吉林省長白山文藝獎和吉林文學獎一等獎。一九七九年以來，先後有《中國新文學大系》《中國最佳詩歌》《中國年度詩選》（多年度）《中國當代文學作品精選》《百年中國兒童文學精品》《中國二十世紀詩選》《兒童文學 60 年》等一百多種書籍收選薛衛民的作品二百餘篇

▲ 薛衛民在香港發表學術演講後，與香港、臺灣專家學者合影

（首、次）。

　　《四季》《太陽是大家的》《五花山》《地球萬歲》《春天的禮物》等作品，
被選入國家統編小學《語文》課本及香港中小學語文教材、多媒體教材。同時
還有《比誰大》《蜜在哪裡》《長大的標誌》《樹傘》《酒瓶子吃了大鴨梨》等
五十餘篇作品被選入人民教育出版的《幼兒師範學校語文教科書·幼兒文學作
品選讀》以及北京版、湘版、鄂版、魯版等十餘種地方語文教材和其他輔助教
材。

　　薛衛民的創作始終有著強烈的精品意識，禮拜漢語，尊崇自然，追求卓
越。他的詩歌樸素、凝重、大氣。他的兒童文學作品天性盎然、天籟縈繞、妙
趣橫生，既是兒童的夥伴又是成人的朋友。

# 不倦地求新求變的畫家 —— 劉也涵

▲ 劉也涵

劉也涵（1965 年- ），滿族，吉林伊通人。中央美術學院國畫系研究生學歷。一九八七年就讀於東北師範大學美術系版畫專業，二〇〇三年考入中央美術學院國畫系第三工作室碩士研究生班深造。其作品入展第八屆、第九屆全國美術作品展，入選全國第十五屆「新人新作展」。係中國美術家協會會員，李少文水墨造型藝術工作室專職研究員，《水墨世界》總策劃。

劉也涵擅長畫紅衛兵和鍾馗，被同行稱為「劉老五」。他於一九九七年五月和一九九八年七月連續兩次在中國美術館舉辦「劉老五水墨人物展」。一九九八年七月作品《山菊花》獲「吉林省首屆水彩畫大展」金獎。一九九九年十月作品《火紅的年代》獲「第二屆東北三省水彩畫聯展」銀獎。一九九九年策劃並參加「99水墨延伸——中國人物畫肖像作品展」。二〇〇二年出版《劉老五畫集》，作品參加二〇〇四年全國中國畫作品展。同年五月，作品《遺老圖》獲中央美術學院舉辦的「學院之光」提名獎。二〇〇五年參加中國美協舉辦的「首屆中國畫寫意作品展」。同年，作品《舊時月色》獲第三屆「黎昌杯」優秀獎，策劃出版《中國當代人物畫小品集》《中國當代花鳥畫小品集》《水墨視界》《中國

當代山水畫小品集》，部分作品被國內外專業機構及個人收藏，多家媒體對其給予報導並刊登其作品。

▲ 劉也涵建水陶美術作品

他是一位追求卓越的藝術家，他將國畫藝術與建水陶雕刻填泥工藝巧妙結合，通過書畫鏤刻、彩泥鑲填，把自己的思想和靈感融於建水陶，賦予了建水陶新的藝術生命。

二〇〇九年，他把家從北京搬到建水陶的起源地——雲南省建水縣碗窯村，每日以泥土勞作為樂，與村民為友，一待就是五年。建水陶「陰刻陽填、無釉磨光」的獨特工藝，使劉也涵在與建水陶偶然相遇之時，便有了創作自己的紫陶作品的強烈願望。他想通過建水陶這種特殊的載體來呈現自己的書畫藝術，以實現藝術生涯的又一次突破。

二〇一〇年劉也涵創立湯伍書院水陶坊藝術工作室，投入到建水陶的工藝研究和藝術創作之中，固執地要求陶工拉出難度極高、體型碩大的泥坯，不容許自己的作品有任何瑕疵。他摩挲著這些瓶瓶罐罐徹夜不眠，開始在建水陶上繪製出溫厚的鍾馗、羞澀的瀾滄江少女……成了建水陶藝界的特立獨行者。劉也涵說：「建水陶可以將詩文、書法、繪畫、篆刻等融於一體，它比紙張更加堅固耐久，既可滿足視覺上的審美需求，又能觸摸把玩，極富文人意趣。」

二〇一三年六月五日，劉也涵建水陶美術作品展在雲南省博物館舉行。雲南省文產辦、雲南省文化廳、雲南省非物質文化遺產保護中心等多個單位出席開幕式。此次展出的是劉也涵創作的「火紅的年代」「散淡鍾哥」「靜靜紅河谷」

▲ 劉也涵「火紅的年代」畫作

「瀘江河的歌」「歌聲飄過瀾滄江」「紅河谷的雲」「古道茶香」七個系列的九十件陶藝作品及四十九件畫作。雲南省文化廳領導在作品展上說：「這次展覽盡顯了建水紫陶的遠古魅力，盡展了劉也涵中國建水陶美術創作的風采。無論是他先初摸索創作的紫陶紅色系列作品，還是到現在不斷豐富和拓展的建水陶民族與現代系列作品，都給人以古色古香、栩栩如生、高雅不俗的美感，從而也形成了他質地細膩、光亮如鏡、內涵豐富的藝術風格。」

「火紅的年代」系列是劉也涵長期以來最重視，也最重要的創作題材之一。它源於劉也涵上世紀九十年代在西北高原采風時，邂逅紮根在那裡的北京知青。生於一九六五年的劉也涵沒有知青生活的體驗，因而在其後的創作中常以筆墨傾訴對知青生活的嚮往，於是就有了作品中對知青群體的關注。

劉也涵說：「雲南是我的夢裡故鄉，雲陶是我的藝術生命。」目前，他正著力把建水陶的雕刻填泥技術往更高的層次推進，不倦地求新求變、自我超越，將成為他藝術探索道路上的又一個新的起點。

# 紅色收藏家、史志專家——馬學忠

▲ 馬忠學

馬學忠（1936 年- ），吉林伊通人。四平市詩詞學會副會長、縣詩詞學會會長、吉林長白山詩社社員、省地方志學會理事。

馬學忠先後從事教育、科技、方志工作。愛好美術、攝影和文學。他在幾十年的工作中，十分重視文宣工作，曾於一九五八年「大躍進」時期在伊通縣承擔編印《鋼鐵前線戰報》工作；一九六四年在縣科協、科委任職期間創辦《科學小報》；一九八二年在縣史志辦任職期間創辦《伊通史話》。

幾十年來，馬學忠撰寫各種散文、學術論文數百篇，先後在報刊雜誌上發表。其中，散文《暗淡了刀光劍影》於一九九六年一月十五日在《四平日報》上發表，學術論文《穆木天的家庭及其少年時代》於一九九〇年十二月在《全國首屆穆木天學術討論會論文集》上發表，《伊通縣為什麼歷史無志書，三朝無檔案》一文在吉林省地方志編委會編印的《吉林省地方志文獻資料彙編》上發表。

馬學忠喜愛古體詩詞，先後創作詩詞二百四十餘首，近百首優秀作品分別在《中華詩詞》《長白山詩詞》《四平詩詞》以及省內各市、縣報刊上發表。

馬學忠最突出的貢獻是編纂縣志、收藏毛澤東文獻和博物館布展，在全省乃至全國都有影響。

一九八一年以來，他先後主編了《伊通縣志》《伊通人物志》和《伊通滿族自治縣志》（責任主編），主持編纂了《伊通滿族自治縣概況》和參與編纂《英城驕子》（副主編）、《四平之最》（副主編）、《中國四平畫冊》（副主編），組織指導全縣各部門編寫專業志、鄉鎮志一百一十部。其中，印刷出版發行部門志二十六部，鄉鎮志十六部。在第一屆修志中，《伊通縣志》的出版發行填補了本縣歷史無縣志的空白，並在一九九三年九月全國新編地方志優秀成果評審中榮獲一等獎，是吉林省唯一獲此殊榮的縣志。二〇〇七年一月，《伊通滿族自治縣志》出版並在第二屆修志中獲全省優秀志書成果二等獎。

馬學忠曾多次承擔組織領導和設計各類展覽館和博物館的布展工作。一九六四年在縣科協工作期間，先後舉辦了大型植物保護流動展覽、安全用電知識展覽、破除迷信展覽和農業科學實驗成果展覽，均是以科學技術知識為內容的科普展覽。一九六八年在縣革委會政治部宣傳組工作期間，承辦了抗日軍政大學校史圖片展、打倒新沙皇展覽和複製韶山毛澤東故居展、伊通縣農業學大寨成果展覽。展示的內容以政治思想教育為主旨，較好地配合當時的政治形勢需要。一九九八年至二〇一二年間曾三次應縣委之聘，承擔伊通滿族博物館的調整充實，完善提高重新布展的設計、文物陳列方案，模型沙盤製作質量要求以及圖片蒐集、選擇、製作和文字審定等任務。伊通滿族博物館是以滿族歷史文化為內容、以滿族民間原生態傳世文物為主的基本陳列、以展示傳播繼承弘揚滿族歷史文化為目的的展覽。此間，馬學忠還承擔了伊通火山群陳列館和伊通

火山群博物館的兩次布展工作。

　　馬學忠是一位信仰堅定的人，對偉大領袖毛澤東有著深厚的感情。他用自己獨特的方式表達對毛澤東主席的景仰、愛戴和緬懷，以宣傳、弘揚毛澤東思想，讓更多的人們永志不忘毛澤東為民族解放和締造新中國所立下的豐功偉績。自一九六三年以來，他堅持收藏毛主席著作、傳記、詩詞、書法、畫冊和毛主席像章、塑像、音像資料等八千餘件，其中各類書籍達二千多種版本，三千多冊。

　　一九九七年一月六日和二〇一三年五月十七日，馬學忠先後兩次在縣滿族博物館舉辦毛澤東紀念品收藏展，展出時間共達十個月，每次展出展品五千餘件，包括大、中小學生、省內外各界幹部群眾在內的觀眾近四萬人次。吉林大

▲ 孩子們在毛澤東書齋聽馬學忠講述毛澤東的故事

學國際關係學院二千多名師生（當中有 80 多個外國留學生）參觀了展覽。

　　為了經常地開展毛澤東思想的傳播，方便社會各界人士查閱有關毛澤東書籍文獻，馬學忠於二〇〇四年十二月二十六日毛澤東誕辰一百一十一週年之際創辦了「毛澤東書齋」，現已接待各地客人三千餘人次。其中包括美國、日本、韓國、法國、澳大利亞和牙買加等外國客人。

　　馬學忠編纂地方志和收藏毛澤東文獻的事蹟，被省、市、縣電視臺和《伊通日報》《四平日報》《吉林日報》《長春晚報》《城市晚報》《新文化報》《吉林工人報》《協商新報》《方志研究》《今天》等報刊雜誌、新聞媒體多次報導。他先後多次被省、市、縣黨委、政府和省地方志編委會表彰為先進工作者。二〇〇三年，被省地方志編委會授予全省修志戰線標兵。二〇〇四年被中共吉林省委組織部、省委老幹部局、省人事廳授予全省離退休幹部先進個人。還先後被評為「感動伊通」道德模範、四平市百名好公僕、百名好市民和四平市文化名人等。

　　馬學忠已是八十歲老人，至今仍馬不停蹄，為研究滿族歷史文化、收藏毛澤東圖書文獻奔波忙碌著，他將繼續在自己所鍾愛的民族文化建設事業上貢獻自己的力量。

▲ 中小學生觀看馬學忠舉辦的紀念毛澤東誕辰一百二十周年收藏展

# 獨樹一幟的二人轉編劇──陸德華

陸德華（1948 年-　），吉林伊通人，一級編劇。全國戲劇協會會員，全國曲藝協會會員，劇協吉林分會會員，曲協吉林分會會員，吉林戲劇理論學會會員，吉林省舞臺藝術中心創作員，吉林省吉劇藝術中心編劇，吉林省長白山詩社社員。

陸德華一九七〇年十二月參加工作，在伊通縣戲劇創作室任編劇。最初幾年，看著同事們不斷創作出新的劇本，他自己很著急，其原因是功底淺，缺乏生活，缺少戲劇創作經驗。於是他暗下決心研讀古今優秀劇目，多看影視劇節目，現場觀摩，與同行切

▲ 陸德華

磋交流，創作思路寬了，思想放開了，創作水平不斷提高，作品不斷問世。二十世紀八十年代初，他與人合作的二人轉《魚鴨緣》獲得成功，唱響關內外，大江南北，在吉林省二人轉會演中一炮打響，贏得好評。儘管如此，他認為自己還只是初出茅廬，對戲劇創作尚一知半解，缺乏生活，還須刻苦探索，拜師求教。

一九八七年，縣委決定在全縣開展「挖掘徵集、整理研究滿族傳世文物工作」，陸德華被抽調參與此項工作。這期間，他與同事幾乎走遍了全縣滿族家家戶戶，座談調查，徵集文物，探究滿族歷史淵源，參加各種滿族歷史文化研討會，聽滿學專家、學者講學。他廣泛深入地接觸滿族群眾，瞭解大量滿族歷史文化，特別是滿族風情習俗、宗教信仰等情況。同時，他還參加自治縣成立慶典籌備和伊通滿族博物館的建立。這一切都為陸德華創造了深入實際、深入

生活、瞭解滿族的機會，為他的戲劇創作提供了極其豐富的創作素材，成為他藝術創作取之不盡、用之不竭的寶貴財富。特別是伊通滿族自治縣建立以後，他認為自己生長這方黑土地上，應該把滿族歷史文化的精髓和底蘊挖掘出來，傳承下去，這成為自己的創作目標和前進的方向。

一九九一年以來，陸德華經過數年的艱苦努力，創作了幾十部二人轉、單出頭優秀作品，如：二人轉《辮子墳》《柳條邊》《愛在深秋》《楊木嶺》《狼妻》《君臣樂》《國太出馬》《包公辭朝》《太后吉祥》和單出頭《回娘家》《車把式》等。

▲ 陸德華編劇滿族歌舞神話二人轉《狼妻》

二人轉《辮子墳》取材於滿族喪葬習俗。全劇描述了滿族兒女為了中華民族安危而肩負重任、共赴國難、英勇就義的悲壯史實。該劇目在吉林省第十屆二人轉觀摩演出中獲一等獎和創作一等獎，榮獲首屆全國二人轉觀摩演出編劇獎、吉林省政府長白山文藝獎和吉林省文聯戲劇文學飛虎獎。二人轉《辮子墳》是首部被專家、觀眾公認的滿族二人轉，不僅故事人物是滿族的，表現手法風格也是滿族的，是滿族二人轉藝術的奇葩。

除此之外，陸德華創作的優秀戲劇作品，在國家、省、市匯報演出中頻頻獲獎，其中獲全國一等獎二個，吉林省政府獎一個，政府獎提名獎一個，吉林省會演一等獎十一個，吉林省藝術節大獎一個，吉林省戲劇飛虎獎二個。

陸德華在戲劇藝術創作上取得的成就令人矚目，他在漫長的創作生涯中，一步一步走向成熟和超越，他已成為我省二人轉藝術創作的領軍人物和現代流派風格的代表。

陸德華經過幾十年的創作實踐、藝術創作理論探討和積澱，形成了自己獨到的藝術觀點。他先後撰寫《我猜二人轉當初就有編劇》《二人轉起源說的質

疑》《二人轉也應關注一個小字》和《滿族人家祭祀中的薩滿文化》四篇論文，二萬餘字，分別發表在《戲劇文學》和《北方民族》上。

　　陸德華對詩詞十分喜愛，在全國各地詩刊上發表詩詞作品二百餘首。其中，《多麗·老額娘的旗袍》獲長白山詩社和《吉林日報》舉辦的「今日神州」詩詞大獎賽一等獎，《新雁過妝樓·繡兜兜》獲四平市英雄城音樂會二等獎。陸德華的戲劇和詩歌作品中，充滿了滿族情結，他用詩歌手法寫戲劇，用戲劇小品手法寫詩、填詞，深得同行的欣賞。

　　幾十年來，陸德華孜孜不倦地從事文藝創作，取得了豐碩成果，其愛國、愛家鄉之情，充溢在作品的字裡行間。他曾在《戲劇文學》發表了自題小照：「我所思兮在故鄉，這方黑土總牽腸。栽成幾棵新鮮菜，裝進鄉親那個筐。」用樸實無華的文字，表達了他對家鄉的熱愛之情。

　　陸德華在傳承滿族歷史文化上取得突出業績，為我省二人轉藝術創做作出了重要貢獻，曾於二〇〇七年被四平市政府命名為四平市文化名人，是吉林省著名的二人轉編劇藝術作家。

▲ 陸德華在松花湖

▲ 陸德華編劇二人轉《太后吉祥》

# 筆耕不輟的女作家 —— 劉鳳琴

劉鳳琴（1948 年- ），滿族，吉林伊通人，畢業於東北師範大學中文系。二〇〇〇年晉陞為高級編輯，是中國作家協會吉林分會會員、長春市作家協會會員、伊通滿族自治縣作家協會名譽主席。

劉鳳琴退休後，曾受聘於吉林藝術學院現代傳媒學院，任客座教授，出任新聞系主任，現任長春師範大學客座教授，並受聘於伊通滿族自治縣文廣新局，從事大型節目策劃、文字撰寫及相關戲劇創作等工作。

▲ 劉鳳琴

劉鳳琴從一九八三年開始從事新聞和文學創作工作。三十多年來，筆耕不輟，創作出大量優秀的詩歌及散文作品，共有六百四十多萬字的文學和新聞稿件在國家、省、市、縣報刊及雜誌上發表。主要作品有：詩集《我是女人》（1993 年出版），散文集《女人啊女人》（1996 年出版），詩文集《愛的方向》（2008 年出版）；文集《又去茶樓》現已付梓。

她筆下的文字不同於她的年齡，在醇厚與質樸之間，凸顯著她綿密的情感，且具有力透紙背的哲思與風采，深受廣大讀者特別是青年一代喜愛。她的詩文集《愛的方向》在讀者中產生了較大反響，特別在大學校園裡曾一度掀起搶購熱潮。詩歌《睡在席夢思上的孩子》《我不曾愛過》先後在《詩刊》上發表，《記憶中的小站》《爪榆之念》等十六篇散文在省內獲獎，《女人的世界》《外婆的木床》等十二篇詩歌散文在市、縣獲獎。消息《吃喝風再也刮不起來

了》曾在《吉林日報》頭版頭條發表，並獲東北三省好新聞二等獎；通訊《把民生寫在大地上》在《吉林日報》整版刊登；通訊《薩滿激情的綻放》在《四平日報》整版刊登；《強化管理機制，小船走出低谷》等六篇論文曾在省、市獲獎。二〇一三年十月三十日，伊通滿族自治縣文聯

舉辦了「劉鳳琴從事文學創作30週年作品研討會」。

劉鳳琴把宣傳伊通、推介伊通作為一種文化自覺，積極挖掘、整理、傳承滿族文化。無論是在大學課堂上，還是在她的文學創作中，民族文化元素均占有重要位置。

二〇〇三年，劉鳳琴受縣委委託，為正在布展的「伊通滿族博物館」撰寫解說詞，先後去北京走訪滿族名人老舍之子舒乙、穆木天之女穆立立、關山復之子關紀新等等。這些走訪，使劉鳳琴對滿族的今昔有了更深層次的瞭解，為文學創作奠定了堅實基礎。

她創作的歌詞《前進在民族團結進步的大道上》、改編的表演唱《伊通大老醜》《咱是伊通人》等，深受廣大群眾所喜愛。大型滿族原生態歌舞《族魂》，被伊通滿族自治縣文廣新局作為重點打造劇目。

二〇一三年起，劉鳳琴開始涉足影視劇創作領域。

二〇一四年四月，劉鳳琴家庭被國家新聞出版廣電總局命名為「首屆全國書香之家」，這是吉林省唯一獲此殊榮的縣級家庭。

根植故鄉，情繫沃土，是劉鳳琴不變的信念與情懷。她說：「在文學創作的道路上，我是開墾的拓荒人，播種了希望，經歷了風雨，樹立了堅強。讓心中那棵不老的樹蒼勁如沐韶華，以回報家鄉、回報父老、回報雙親。」

# 中華詩詞學會詩詞導師——翟志國

翟志國（1946 年-2014 年），號耐寂軒主人。曾用名翟致國。中華詩詞網絡論壇「關東詩陣」首席版主。一九四六年翟志國生於黑龍江省呼蘭縣，一九八六年至一九九二年在伊通工作。他的後半生大部分時間居住在伊通，伊通是他的第二故鄉。一九六六年他畢業於哈爾濱衛生學校，在黑龍江省五大連池從事醫藥衛生工作十四年，擔任藥劑師。一九八〇年改行從事文藝創作，先後在文化館、戲劇創作室任輔導員、專職編劇。劇作多次在全省獲獎，其中一等獎兩次。一九八六年調吉林省伊通縣任創作室主任，一九九二年調吉林省長白山詩社，編輯《長白山詩詞》。一九九七年調吉林省政協報社任副刊部主任。二〇〇七年退休後返聘長白山詩社任常務副主編，省詩詞學會駐會副會長。二〇〇二年受聘為中華詩詞培訓中心高級班導師。二〇一二年九月起在長春老年大學詩詞寫作班任教。他的詩詞作品多次在全國獲獎，其中二等獎兩次，三等獎一次，獲中華詩詞學會第三屆華夏詩詞獎二等獎，二〇一一年在《詩刊》「本期聚焦」發表《山溪》《訪苗苗詩社》等六首詩詞，並獲詩詞年度大獎。

二〇一三年初冬被診斷為肝癌晚期，於二〇一四年七月二十七日十二時四十分辭世。翟志國先生的辭世，是當代詩詞界的一大損失。吉林省詩詞學會得知翟志國先生辭世後，在網上發布訃告：二〇一四年七月二十七日十二時四十分，吉林省詩詞學會副會長翟志國走完人

▲ 翟志國在長白山天池旁

生旅程，鶴駕而去。翟志國生於一九四六年十月十一日，享年六十九歲。多年來，翟志國同志參與主編《長白山詩詞》，參與創辦「中華詩詞論壇·關東詩陣」並長期任首版，擔任中華詩詞學會詩詞導師，培養了詩詞隊伍，為繁榮中華詩詞、培育和建設長白山詩詞流派，做出突出貢獻。

翟志國的詩作有《天池放歌》《謁問心碑》《訪長沙岳麓書院》《登長城感賦》《涼水斷橋詠歎》等。二〇一四年一月，翟志國詩集《耐寂軒詩存》出版，張福有先生在《序》中寫道：「《耐寂軒詩存》行世，當是關東詩壇的一樁雅事。之所以如此說，一是因為志國兄是『中華詩詞論壇·關東詩陣』的創始人之一和首席版主；二是因為志國兄是吉林省詩詞學會駐會副會長；三是因為志國兄是《長白山詩詞》常務副主編兼責任編輯。多年來，他為關東詩友服務，任勞任怨，不計名利，甘做人梯，經手編輯詩友詩集一時難以儘數，而自己卻沒有出版一本像樣的詩集，也令廣大詩友翹首以盼。今日能如願以償，實乃吟壇雅事也！本書收錄志國兄詩詞近七百首，多是從『中華詩詞論壇·關東詩陣』中自選出來的，也有一部分是上網前所寫作品。」

這裡僅選一首《天池放歌》：

聞道天池多雨霧，霧掩雲遮難騁目。遊人十上九空回，嘆惋真顏不輕露。我今偕侶采風來，居然萬里淨雲埃。浮生事事多坎壈，茲游竟得天緣開！池在世外重霄上，沐日吞天何其壯：千頃琉璃浸冷翠，澄澈空明滌腑臟。身邊十六峰拱衛，腳下萬山疊錦帳。果然高處不勝寒，浩浩罡風吹雪浪。遙想當年地火噴，烈烈燒天力萬鈞。亂石崩空日月暗，掀去巒頭成巨盆。下通重淵上承雨，滿溢飛流出閘門。四圍全不飾紅紫，浮石熔岩一色磊。恰如深山藏佳麗，剝落鉛華坦真美。西湖雖名嫌嬌小，況被人為雕琢累；王嬙國色本天生，惜遭畫師俗墨毀。曾嗟天池地處偏，罕有名賢題刻傳。恰緣僻匿未開發，無邊風月得天然。勝景撩人詩思篤，沉吟不忍輕離去。行行又止再回頭，霧起雲蒸已如絮！

第二屆百詩百聯大賽獲獎詩詞作品點評翟志國的《鷓鴣天‧松花湖晨渡》：

不必撐篙張錦帆，引擎啟處下澄潭。撩開瀰漫千重白，駛入琉璃百頃藍。詩迸濺，興沉酣，無猜鷗鳥偶來探。迢遙水轉峰迴處，驀見新村出岫嵐。

點評說：三首《鷓鴣天》各有特色，均以有真情實感而見長。這一首則把松花湖的美，把詩人遊覽松花湖的快樂心境，吟唱得相當清雅動人，也當是筆力老到的佳作。還有詩友評道：文筆優雅，只將景語作情語，立意清新，正是盛世好詩情。美景、良辰、雅興、柔情，組合成一幅舒心悅目、動靜相宜的水墨丹青，給人以美好的閱讀享受。

他的詩作，如同他所一貫主張的，不寫應景之作，要寫，必是有感而發，每首詩都力求寫出真情實感。從翟志國的詩作中，可以讀出他深厚的詩詞素養，為詩之道，功夫在詩外。翟志國的詩所以厚重，其深層原因也在詩外。他的詩詞理論素養深厚，不是一日之功，是多年來日積月累而成的。對於唐詩宋詞名家名篇，他可以張口即來，令人感佩。他的詩是豐富多彩的，在內容上，風也有，雅也有，頌也有，愛憎悲歡，盡舒眼底；在技法上，或賦、或比、或興，濃淡張弛，錯落參差；在風格上，忽莊、忽諧、忽雅、忽俗，嬉笑怒罵，自成文章。詩中所展示的「情」「才」「趣」，令人百讀不厭。真情，才氣，別趣，使得翟致國的詩「飽而不空，雅而不俗，潤而不燥」。深入想來，真情源於人的情操，別趣源於人的品格，才氣源於人的學識，而這許多功夫，竟又都在詩外，做一個好的詩人，是多麼難啊！

# 專注薩滿藝術的畫家——唐如蜜

唐如蜜（1966 年- ），滿族，吉林伊通人。係中國地市報研究會新聞美術委員會會員、中國薩滿文化藝術委員會會員、東北亞薩滿藝術館莫勒真國際畫廊特聘畫家、中國長白山書畫院畫家、吉林省薩滿文化協會理事、吉林省民俗學會理事、伊通美協副主席。

▲ 唐如蜜

二〇〇七年，他的作品得到了國際薩滿專家、我國北方民族研究著名學者、吉林省民族研究所富育光研究員的認可與好評，稱唐如蜜的畫獨具一格，可謂薩滿繪畫第一人。他的事蹟刊登在二〇〇七年十二月二十四日《四平日報》老百姓版，標題為《情繫薩滿繪畫》。

▲ 薩滿畫《火神》

▲ 薩滿畫《佛托媽媽》

▲ 薩滿畫《星神》

▲ 薩滿畫《天宮大戰》　　　　　　　　▲ 薩滿畫《九乳媽媽神》

　　二〇〇八年，伊通滿族自治縣文化新聞出版和體育局整理出版了他的個人畫集——《神祕的薩滿繪畫》，並以此書獻給伊通滿族自治縣成立二十週年。同年為吉林文史出版社出版的《長白山下滿族魂》畫插圖四十六幅。他的事蹟在省級刊物《統戰縱橫》（2008 年第 7 期）上刊登，標題為《唐如蜜：情繫薩

▲ 薩滿畫《蛙神》　　　　　▲ 薩滿畫《熊神》　　　　　▲ 薩滿畫《虎神》

滿繪畫》。二〇〇九年,為吉林音像出版社出版的《東北民間薩滿眾神》畫插圖五幅,為伊通滿族博物館設計大型牆面浮雕四幅。油畫《尼山薩滿》在第十五屆「群星獎」吉林省美術、書法、攝影作品選拔賽中獲二等獎,被邀請參加吉林電視臺都市頻道《說實在的》欄目舉辦的「元宵佳節獻愛心」義賣活動。他的事蹟再一次刊登在《四平日報》上,標題為《丹心點染薩滿情》。

二〇一〇年,國畫作品《天宮大戰》在第六屆中國民間民俗繪畫選拔賽中獲二等獎。二〇一一年,有二十餘幅原創薩滿繪畫作品入選吉林電視臺拍攝的大型人文紀錄片《長白山》第五集「生生不息」,再次被邀請參加吉林電視臺都市頻道《說實在的》欄目舉辦的「元宵佳節獻愛心」義賣活動。國畫作品《滿族人民心向黨》在「丹心向黨」吉林省中青年書畫三十家作品展中獲二等獎。

唐如蜜通過文字與繪畫的有機結合,讓薩滿繪畫更加形象逼真。這些努力,使唐如蜜取得了不小的藝術成就。滿學作家白玉芳把他的作品納入她撰寫的《美輪美奐滿族工藝美術》一書。二〇一四年唐如蜜作品在伊通滿族博物館舉辦的「福地七傑書畫展」中大量展出,作品在《四平日報》書畫長廊版刊登,被譽為薩滿風韻、伊通奇葩。

薩滿畫賦予了唐如蜜更多的想像,使他的薩滿畫更具靈性的傳承!十二年來,唐如蜜圍繞薩滿神話故事創作了系列薩滿繪畫作品二百多幅,把「萬物有神、眾生崇拜」的薩滿精神展現得淋漓盡致。

# 植根故土的作家、攝影家——鄭向東

鄭向東（1948 年-　），滿族，吉林伊通人。吉林省作家協會會員，吉林省攝影家協會會員，中國民俗攝影協會會員。

鄭向東於一九六八年應徵入伍，歷任文書、排長、文教幹事等職。在部隊期間，參加遼寧大學漢語言文學專業自考，本科畢業，獲得文學學士學位。

鄭向東愛好攝影和文學創作，在部隊期間，曾發表各類文章五十餘篇，攝影作品七百餘幅，先後發表在《解放軍報》《解放軍畫報》《人民日報》和《新華社新聞照片》等報刊上。其中，攝影作品《夜間射擊》參加建軍五十週年攝影作品展和東北三省攝影展覽。攝影作品《形勢教育》入選全軍《五·七畫冊》和國慶圖片展覽。

▲ 鄭向東

在部隊期間，鄭向東撰寫《青年軍人審美入門》一書，全書十六萬字，於一九九一年五月出版發行。鄭向東有十六年的軍旅生涯，曾立三等功四次，並多次受到通令嘉獎，被 64 軍政治部評為一級兼職新聞寫作人才，精神文明建設先進個人標兵。

轉業以來，他筆耕不輟。曾多次在中央人民廣播電臺、《吉林日報》《四平日報》等媒體發表文章和攝影作品。自一九八四年以來，先後出版了《驅寇英雄傳》《美妙的大自然》《神奇的七星山》《放飛海東青》《提高你的學習能力》《滿鄉伊通》，主編了《東

北民間薩滿眾神》畫冊、《伊通地名傳說故事》等書籍，達一百八十萬字。二○○六年八月，散文《輝發山城烽煙》獲第三屆「古風杯」華夏散文大獎賽優秀獎。二○○八年八月，徵文《奧運，文明素質提升的推動力》獲國家電網杯「同一個世界，同一個夢想」全球華人迎奧運徵文獎。

　　鄭向東酷愛攝影藝術，他組織建立伊通滿族攝影家協會，發展會員二十餘人，帶領影友們深入農村、工廠和校園，全面、真實地展示了伊通各項事業發展成就。多次舉辦攝影展，參與編輯出版了《伊通火山風光》《長春後花園——伊通》《問鼎七星》和《七星福地伊通》等大型攝影集。他的攝影創作碩果纍纍，在紀念抗戰勝利六十週年「中華頌」文學書畫攝影大展中，攝影作品《楊靖宇將軍》獲優秀獎；在今日中國全國攝影藝術家精品大典賽上，作品《長白山下豐收歌》獲二等獎；作品《一心為農民》入選二○○六年中宣部與中國攝影家協會舉辦的「建設社會主義新農村暨紀念中國共產黨成立八十五週年攝影藝術展覽」；《龍灣雪的童話》獲《人民攝影報》二○一○年度「捷寶」國際風光攝影大賽優秀獎；《白山湖晨曲》獲二○一一年東北亞國際書畫攝影大賽

▲ 鄭向東輔導山村兒童學攝影

優秀獎；《瑞雪淨月》組照獲二〇一三「雪花杯」中國長春淨月潭「魅力淨月美在生態」全國攝影大展優秀獎；《北國風光》獲光明網二〇一三《詩意中國》圖片攝影大賽銅獎；在二〇一三、二〇一四年「雪花純生」古建築攝影大賽中，他的作品連獲優秀獎；《雪村瑞雪》獲二〇一四「中國雪村——臨江松嶺全國攝影大賽」優秀獎。

　　他在組織「送文化」的同時，還腳踏實地實施「種文化」的工程，積極組織攝影志願者開展對山村兒童和農民的培訓、輔導活動，並在伊通河源鎮保南小學建立了「山裡娃」攝影培訓基地。幾年來，他多次到保南村為山村兒童傳授攝影技術知識，指導農民、學生開展攝影創作活動，許多優秀攝影作品選入省和國家攝影作品展覽，並屢獲各種獎項：二〇一三年，長春農博會展出伊通農民攝影作品二十多幅；二〇一四年，在第四屆農民攝影大展中，保南村農民張榮成作品獲銅獎。第十四屆「我是中國小記者」全國攝影大賽上，吉林省三名少年獲獎，均為保南村小學學生。二〇一四年，在「家‧愛——中國青少年攝影比賽」中，保南村十二歲的學生侯闖作品《寶寶樂了》獲優秀獎。

　　他還組織影友開展「文化惠農直通車」和「惠民、為民、樂民」活動。二〇一四年元旦、春節期間，先後組織伊通攝影志願者深入本縣十四個貧困村，開展送文化下鄉、為農民家庭拍攝「全家福」活動。二〇一四年五月，在「中國文藝志願者服務日」期間，伊通滿族攝影家協會與長春市攝影家協會一起，教山村留守兒童學習攝影；在社區舉辦「一切為了群眾」攝影展。伊通滿族攝影家協會二十五人獲得省文化惠農活動先進個人，鄭向東作為優秀志願者代表，應邀去北京出席第四屆農民攝影大展開幕式和頒獎儀式。

　　鄭向東十分注重滿族歷史文化的研究，尤其是對滿族民間民俗文化的研究更為關注。他曾兩次參與滿族博物館的布展工作，多次去北京、黑龍江等地蒐集、拍攝大量珍貴的照片，撰寫了多篇文章和調查報告；先後出版發行《滿鄉伊通》《放飛海東青》和《東北民間薩滿眾神》等畫冊。他還積極投身非物質文化遺產的搶救工作，組織編纂了《伊通地名傳說故事》，參與滿族口頭遺產

傳統說部叢書的編纂，整理了《依將軍傳》。他對宣傳弘揚滿族歷史文化、提高民族意識、增進民族團結做出了積極貢獻。

# 「文藝圈裡的多面手」──孫廷尉

▲ 孫廷尉

孫廷尉（1955 年- ），大學本科學歷。吉林省書法協會會員、吉林省作家協會會員、《共和國驕子》常務編委、吉林省報告文學學會四平分會副會長、伊通滿族自治縣文聯（駐會）常務副主席、伊通滿族自治縣老年書畫研究會常務副會長。伊通滿族書畫院院長。先後任伊通滿族自治縣作家協會主席、四平市作家協會常務理事、四平市音樂家協會音樂文學協會副會長、吉林省硬筆書法家協會常務理事、吉林省報告文學學會四平分會副會長。二〇〇四年被四平市文學創作中心聘為首批聘任作家；二〇〇五年被《報告文學》雜誌聘為特聘作家；二〇〇七年被《中國作家》雜誌聘為簽約作家，二〇〇五年被中國報告文學學會、中國詩歌學會、中國散文學會聯合授予「全國百家新聞文化工作者」榮譽稱號。

在伊通，人們一提起孫廷尉，都說他是「文藝圈裡的多面手」。很小的時候，孫廷尉就顯露出他的文藝才華，被吸收到學校文藝宣傳隊。在宣傳隊，孫廷尉有機會接觸到文藝作品、文藝表演團體，這為孫廷尉以後從事文藝工作打下了良好基礎。一九七四年四月二十四日，已經是中學文藝隊長的孫廷尉聽到我國第一顆人造地球衛星發射成功的消息，情不自禁走上街頭，歡呼雀躍，並

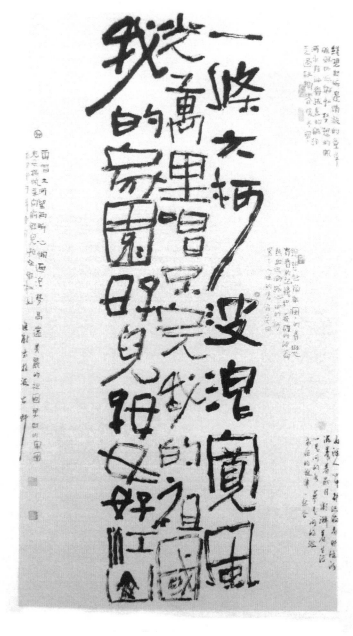

▲ 書法作品

撰寫了他的第一篇文學作品，被老師譜成樂譜，在全縣演出，受到老師和同學們的一致好評。此間，孫廷尉的作文常常被老師當作範文在全學年朗讀。

孫廷尉長期從事機關文字工作，利用業餘時間進行文學創作，有數十篇詩歌、散文、小說、歌詞、報告文學等散見於《吉林日報》《吉林農民報》《中國電力報》《人民政協報》《東遼河》《農村未來》《新村》《伊通詩詞》《長白山詩詞》《協商新報》等報刊。

一九八八年，國家民政部批准伊通成立滿族自治縣，這是孫廷尉和他的父親孫英林以及一大批從事伊通滿族文物挖掘整理工作的人們歡欣鼓舞的日子。孫廷尉作為主筆人之一，與縣內幾個同事，合作出版了長篇小說《長白山下滿族魂》。該書作為伊通滿族自治縣縣慶禮品，贈送給全國各地來賓。他還分別在一九八九年和一九九八年兩次為伊通滿族自治縣成立和伊通滿族自治縣建縣十週年慶祝大會撰寫了大型入場式解說詞，受到好評。

一九九三年十月，孫廷尉調任縣文聯任駐會常務副主席，主持工作。二十多年來，他潛心於文學藝術創作，不斷提高藝術修養。先後主持了全縣紀念抗日戰爭勝利五十週年、六十週年書畫攝影展、全縣紀念紅軍長征勝利六十週年大型文藝演唱會、全縣慶祝香港回歸祖國大型文藝晚會、紀念「五四」運動七十七週年全縣青年歌手卡拉 OK 大獎賽、慶祝伊通滿族自治十週年書畫精品展等文藝活動和書畫展。編輯出版了大型文藝綜合雜誌《伊通河》。

孫廷尉於一九七四年開始歌曲創作，主要作品有獨唱《電建工人豪情壯》（作詞作曲）、合唱《千軍萬馬緊跟毛主席》（作詞作曲）、表演唱《頌歌獻給親愛的黨》（作詞作曲）、小歌劇《新苗茁壯》（作曲）、獨唱《彎彎九曲的伊通河》（作詞）等幾十首不同形式的歌曲。

二〇〇四年八月，四平電視臺擬籌拍二十二集大型歷史文化專題片《大遼河》，編劇王永興邀請孫廷尉參加該片的攝製。在遼寧、吉林、內蒙古拍攝期間，孫廷尉作為劇組現場副導演，在指導機位、組織鏡頭、調度畫面的過程中，深深地為祖國大好河山感嘆，為遼河兒女折服，充滿激情地寫出了《大遼

河》歌詞：「喊了一聲大遼河，叫了一聲大遼河！遼河的水，遼河的浪，遼河是咱的親爹娘。燕山明月，長白霞光，輝映遼河寫春秋，生養著我中華好兒郎。哎，呀兒依兒呦，愛不夠的大遼河，永遠在我心裡裝。」吉林省歌舞團副團長、作曲家華秀很快為歌詞譜了曲，並作為片頭曲播放。《四平日報》《協商新報》《通遼日報》為此發表了署名文章《大遼河情結》，通遼電視臺還專門為他錄製了人物專訪。

▲ 書法作品

孫廷尉的歌曲《彎彎九曲的伊通河》，曾代表四平地區參加全國十九省、市文藝電臺作品交換會；獨唱《母親的眼睛》獲四平地區工人創作銀鐘獎；《小草謠》《雪啊，玉色的蝴蝶》《坐著驢吉普送公糧》《我家門前的小河》等獲四平「英雄城音樂會」創作二等獎；電視專題片《大遼河》獲吉林省長白山文藝獎電視專題類特別獎；《海東青放飛我心中的歌》還被作為廣場舞音樂，在伊通大街小巷廣為傳唱。

孫廷尉的書法作品幼承家學，尤喜隸書之瘦勁挺拔、厚重蒼茫。二〇一一年入中國書法家協會書法培訓中心和北京莊子書畫院學習，先後師從劉文華、李守銀、歐陽柳枝、王墉等，頓開性靈，漸悟真訣。縱秦漢之上，篆隸草具，心追手摹，皆采眾長。二〇〇四年，書法作品入展吉林省統一戰線慶祝建國五十五週年書畫展；二〇〇五年，隸書對聯獲「長城魂 民族情」全國書畫大賽金獎、中國電影百年書畫大展佳作獎；二〇〇六年獲「紅軍杯」中國書畫家作品展銀獎，「伏羲杯」中國書畫報上展銅獎；二〇〇七年，行書作品獲「軍魂頌‧紀念建軍八十週年全國書畫大賽」金獎，被授予「愛軍愛國優秀藝術

家」。二〇〇八年入展吉林省紀念改革開放三十年書法展；二〇〇九年入展和諧西部全國書法展。二〇一〇年入展文化部、中國文聯、吉林省委宣傳部、吉林省文聯主辦的「中國有一個城市叫長春」美術書法展；二〇一一年獲「天硯山杯」全國書法大賽優秀獎；二〇一二年，行書對聯「落花龍影」在《書法導報》發表；二〇一三年入選吉林省第四屆書法臨帖大展。

# ▌鄉土作曲家 —— 張國彥

張國彥（1956 年-　）滿族，大專文化，吉林省伊通人。中國音樂家協會吉林分會會員、吉林省社會音樂學會會員、四平市音樂家協會副主席、伊通滿族自治縣音樂家協會主席、縣音樂文學學會顧問、吉林師範大學兼職教授。

▲ 張國彥

上個世紀七十年代中葉開始從事音樂創作，師從著名作曲家尚德義、朱廣慶。早年在文化部門從事專業創作，一九九一年以後，到伊通縣鄉鎮擔任黨政領導職務，二〇〇九年調任縣直機關工作。幾十年來，共創作聲樂作品一千餘首，獲各級各類創作獎項一百餘個。代表作品有：《我是軍人的妻》《我的薩克達阿瑪》《還是有媽好》、藏歌《吉祥的高原》（民族女高音歌唱家王旭演唱，央視網絡電視臺二〇一三新春原創音樂會曲目，該作品二〇一四年十月應邀由王旭赴韓國參加中國少數民族文化交流活動首次登上國外舞臺）等。獲得主要獎項有：在一九八七年吉林電視臺、吉林省音樂家協會主辦的「振興吉林保險杯」青年歌手電視大獎賽中，歌曲《為了吉林 為了故鄉》獲歌曲創作獎；在一九八八年吉林人民廣播電臺主辦的「吉林省首屆通俗歌曲廣播大賽」中，歌曲《小雨打濕了軍衣》《故鄉風雨行》雙獲優秀作品獎；在一九九七年瀋陽軍區主辦的預備役部隊歌曲大賽中，隊列歌曲《我是一個兵》獲作詞作曲一等獎；在二〇一二年由國家教育部和監察部聯合主辦的「全國高校廉政文化作品大賽」中，歌曲《廉潔自律永爭先》獲作品二等獎；在二〇一三年省紀委、省委宣傳部、省監察廳、省文化廳聯合主辦的「全省廉政文化『五個一』精品創作工程」中，歌曲《我們是共產黨員》獲作曲三等獎；在二〇一三年中國大眾音樂協會主辦的「2013 美麗中國大型音樂展演活動」中，歌曲《還是有媽好》

▲ 原創系列歌曲集

獲作曲銀獎；在二〇一三年由國家教育部和監察部聯合主辦的「全國高校廉政文化作品大賽」中，歌曲《師德之歌》獲作品三等獎；在二〇一四年中國大眾音樂協會主辦的「建國杯」第四屆全國大型音樂展演活動中，歌曲《心中的歌》獲作曲金獎；在二〇一四年「絢麗年華第七屆全國美育成果展評」中，歌曲《三嚴三實作風要牢記》獲得音樂創作類作詞作曲一等獎。一九八九年為自治縣成立一週年創作的歌舞曲《歡迎你到滿鄉來》，至今還作為自治縣縣慶活動的保留曲目，並編排成各種演唱形式在專業和業餘舞臺上常年演出。二〇〇八年創作的縣歌徵集作品《前進在民族團結進步的大道上》在群眾中廣為傳唱。多年以來，張國彥為企事業單位創作了大量的廠歌、校歌，為活躍地方的群眾文化活動出力獻策。近年來，又有二百多首以歌唱家鄉、歌唱黨、歌唱祖國為主題的各種風格的聲樂作品製成了音頻視頻在網上流傳，有些歌曲製成光碟在群眾中播放傳唱。二〇一二年，為迎接奧運健兒凱旋，與吉林師範大學的張穎同志合作創作了歌曲《摘金奪銀為國爭光》，在網上受到熱捧。

二〇一四年，被收入吉林省音樂家名錄。現為伊通滿族自治縣旅遊局局長。

主要著作：個人原創系列歌曲集《灑向人間都是情》四部，共收錄個人原創各類題材的聲樂作品五百一十首。

# 伊通文壇的耕耘者 —— 李清泉

李清泉（1964 年-　），滿族，吉林伊通人。現為中國音樂文學學會會員、國家音樂著作權協會會員、吉林省音樂文學學會常務理事、吉林省詩詞學會會員、四平市作家協會理事、四平市音樂文學學會副主席、伊通音樂文學學會會長。

創辦全省最早的村級文學社。李清泉從小就愛好文學，在伊通一中讀書時就通過參加校內外的各種文體活動、徵文大賽等嶄露頭角。由於高考志願填寫失誤而遺憾落榜，回到家鄉大孤山鎮升禮村小學成了一名民辦教師。他看到農村青年每日無所事事，文化生活單調貧乏，就和其他幾位愛好文學的朋友創辦了「澗溪文學社」。這是改革開放以來，全省最早的村級文學社團，有會員一百五十人，多數都是農村青年。他和大家編辦油印小報《升禮青年》和文學刊物《澗溪》，這在當地轟動一時。省電臺、《吉林農民報》《新村》《時代姐妹》《四平日報》和縣內新聞媒體多次採訪和報導過文學社成就，對於當時全縣農村精神文明建設發揮了積極作用。

力促伊通詩詞學會重振旗鼓。一九九九年八月，李清泉考入縣政府辦公室做秘書工作。縣第二屆文代會推舉李清泉為詩詞學會副會長兼秘書長。伊通詩詞學會在一九八三年成立之初，創刊《伊通詩詞》，詩詞活動多，詩詞創作成果豐碩，學會在全省小有名氣，但是由於各種原因，幾年後，詩詞學會活動越

來越少，會員老化，《伊通詩詞》詩集停辦。面對這種情況，李清泉和新任會長們重新創辦《七星詩苑》，會員從三十多人發展到一百三十人，其中，有百分之七十是李清泉介紹、引薦的，他們把李清泉當成自己詩詞路上的領路人、啟蒙老師。詩詞學會年年都編輯出版詩集，組織大型七星山采風活動、金秋詩會、研討會等等。伊通詩詞學會重振旗鼓，走在全省詩詞戰線的第一梯隊，李清泉功不可沒。

創辦伊通歷史上第一個音樂文學學會。二〇一一年十二月十八日，在省音樂文學學會剛剛成立一個月後，李清泉便組織成立了伊通音樂文學學會，這是伊通歷史上第一支音樂文學創作隊伍。剛開始成立時僅僅二十多人，截至二〇一四年末已經發展會員近八十人。一個縣能有這些寫歌詞的，在全省乃至全國也不多見。學會創辦了《滿鄉歌詞》小報，編輯出版了《心夢悠揚》歌詞集——這是伊通第一本原創歌詞集，省音樂文學學會主席劉申五大為讚賞。李清泉每年都策劃、組織很多次作品研討會、采風、年會等活動，還邀請省、市音樂文學專家蒞臨伊通講課。三年多來，會員共創作出歌詞、歌曲作品近二千

▲ 李清泉帶領學生參觀毛澤東書齋

首，被製作成歌曲並成功上傳到網絡的有六百多首；在全國各地報刊發表近三百首，六十多件作品在全國徵歌活動中獲獎，有的歌曲已經走出了國門。全縣有八人加入中國音樂文學學會，有十人加入省學會，三十八人加入市學會。中國音樂文學學會秘書長、伊通籍著名詞作家王玉民先生二〇一四年六月回家探親，在學會辦公室看望了大家，表揚李清泉為家鄉的文化事業做了一件大好事。省音樂文學學會決定要把伊通打造成全國歌詞之鄉。

熱衷文學事業，工作勤奮刻苦。李清泉熱衷於文學事業，在圓滿完成本職工作的同時，一邊堅持文學創作，一邊默默地做一些具體的工作。在《七星詩苑》《百合詩集》《滿鄉歌詞》組稿時，一次次打電話向作者約稿。編輯刊物常常工作到深夜。他怕愛人擔心自己的身體，每天晚上早早睡一覺，等到夜深人靜的時候，再爬起來偷偷上網，半夜工作四五個小時已是家常便飯。在編輯《七星詩苑——建黨九十週年詩詞專輯》時，從約稿到編輯出版僅僅用了二十天的時間，大家都說，沒有李清泉，難有這樣的效率。每次編輯印刷詩集，李清泉都要犧牲自己的業餘時間跑省、市印刷廠，協助排版，親自校對。有時候要在印刷廠待上幾天幾夜，直到刊物印刷出來，才能歇口氣。李清泉對工作精益求精，細緻入微。每次文學活動，他都是親自製定方案，做到每個環節都不出錯。一九九九年，詩詞學會組織的一次五十九人的「集安之旅」活動，李清泉因事不能參加，他就把這次活動的具體安排製作成一個小冊子，把集安風光介紹、旅遊線路、住宿旅店人員分配都寫得清清楚楚，讓人一看就明白，參加活動的人對此讚不絕口。

李清泉在業餘時間一直堅持文學創作。他的作品涉及體裁廣泛，有小說、故事、散文詩、現代詩、歌詞等，在《東北文學》《作家之路》《江河文學》《華夏詞壇》《長白山詞林》《詞苑樂壇》等報刊發表習作三百多篇（首）。

李清泉說，有耕耘才會有收穫，文學是他畢生鍾愛的事業，他願意和文學愛好者一道，在伊通這塊沃土上辛勤耕耘，讓伊通的文學之樹結滿豐碩的果實。

# 海峽兩岸架金橋的農民詩人——呂子榮

▲ 呂子榮

呂子榮（1956 年-  ），原名呂禮春，筆名齊柴，號憂樂齋主，吉林伊通景臺鎮五檯子村農民。現為中華詩詞會會員，中國國民黨革命委員會吉林省委中山詩社社員，吉林長白山詩社社員，長春漢徘學會會員；四平市文聯委員，四平市詩詞研究會會員；伊通詩詞學會副會長；伊通政協第三、第四、第五屆委員；美國四海詩社基本社友，新加坡新風詩社顧問。

呂子榮少時便酷愛古詩詞，熱衷於古詩詞研究，常伴燈苦讀。勞動之餘潛心研究詩詞聯賦，十幾年中創作詩、詞、賦近千首，先後在國內二十六個省、市的一百二十種刊物上發表詩作六百餘首；在新加坡、馬來西亞、菲律賓、日本、泰國、美國、法國等國家及臺灣等地區詩刊上發表七百餘首。呂子榮的作品以凝練的筆墨，烘托深邃闊大的意境；語言質樸明達，刻畫細緻真切，無論是謀篇布局，還是遣詞用句，都顯示出了較深的藝術功力。因此，國內一些省、市及新加坡、菲律賓、泰國等書畫家近百人書寫其作品。濃濃的家國情懷，胸中祖國，眼裡乾坤，報國不分黨派、貴賤與先後，鑄就了自己獨特的人生信條。其創做事蹟被《統戰縱橫》《四平日報》等報刊報導。被《世界名人錄》《當代民間名人大辭典》等十部典籍收錄。呂子榮的詩歌被譽為「詩化春風透海峽」。

在《四海詩聲》詩刊上，呂子榮看到中國國民黨元老陳立夫先生有這麼一

段言論:「唯偉大之中華文化,終必使中華一統,為日不遠。」不禁令他心潮澎湃,夜不能寐。他想到,那些跨越時空的國民黨愛國人士,深厚的民族感情,早已淡化了黨派之間的恩恩怨怨。他們在垂暮之年,多麼希望看到祖國統一啊!於是呂子榮寫了一篇反映包括陳立夫先生在內的所有國民黨愛國人士心聲的長賦《共唱彩雲歸》。郵給吉林省政協主辦的《協商新報》。稿件寄出後,很快在該報一九九五年六月九日四版顯著位置發表,並郵來樣報兩份。為溝通民族感情,呂子榮通過貴州省六盤水市《龍鳳報》的好友陳清江先生,將一份樣報轉郵臺灣的陳立夫先生。因為陳立夫先生當時是《龍鳳報》的顧問,陳立夫先生看

▲ 書法作品

▲ 臺灣蔣滌非先生來到呂子榮書房

到《共唱彩雲歸》賦後，大為讚賞，先後惠來「愛其所當愛」「鐵肩擔道義，辣手著文章」條幅予以褒獎。

自此，至陳立夫去世，長達六年的書函交往中，兩人一直保持著友好的關係。其間，陳立夫先生給大陸張盛權、馬啟章等很多人的信函，也是通過呂子榮轉達的。

在這以後，呂子榮又寫出大量的以溝通民族感情為基調的詩詞，諸如《海峽聽潮感呈臺灣陳立夫先生》《題河南鄭州黃帝故里》《春去春又回》《媽祖女神頌》等等。陳立夫先生閱罷這些詩賦後，來信一一表示感謝，並相繼惠來「憂樂齋」門匾和「任重道遠」條幅。

一九九七年七月一日，是炎黃子孫最興奮、最可喜的日子，香港順利回歸祖國的懷抱。在此香港回歸之際，呂子榮寫了《香港歸宗有呈臺灣陳立夫先生》詩。

陳立夫先生九十九歲高齡那年，呂子榮收到陳立夫先生的手書書錄題伊通聯，但字體仍然不乏雄渾和瀟脫。感念陳立夫先生的深情厚誼，呂子榮就海峽兩岸期盼統一以及其歷史淵源，一揮而就寫成大賦《龍脈千千結——虎年賦呈臺灣陳立夫資政》郵給了陳立夫先生。賦中有句「天下為公不算輸」，他認為，論中國統一大業，世人著述頗多，還沒有離開孫中山先生的「天下為公」，中華一統，都「不算輸」。陳立夫先生看到這樣精闢的句子，揮毫而賜「天下為公」條幅。

▲ 呂子榮與詩友交談創作體會

一九九九年，陳立夫先生百歲壽辰，呂子榮提前一年準備了賀禮，將他所珍藏的「壽比南山」「慈航普渡」兩幅百壽圖寄給

陳立夫先生，還寫了七律二首《喜迎國民黨元老陳立夫老夫子百歲大壽》。這兩首詩在國內各地詩刊發表後，收到各地的步韻和詩近百首，呂子榮先後寄贈給陳立夫先生。

陳立夫先生百歲大壽前後，回贈「自求多福」「以銅為鏡，可以正衣冠；以史為鏡，可以見興替；以人為鏡，可以知得失」等墨寶，還贈他大著《我是怎樣活到一百歲的》《儒家思想之時代精神》。二〇〇〇年千禧之年，呂子榮與陳立夫先生的友誼跨越兩個世紀，為了表示一點祝福的心願，呂子榮把珍藏的「百喜圖」贈予陳立夫先生，並附五律詩一首《千禧之春贈臺灣陳立夫先生「百喜圖」》，陳立夫先生收到後，讓秘書代筆回了一封信。二〇〇一年三月，中央電視臺新聞節目播出陳立夫先生在臺北不幸去世的消息，呂子榮悲痛萬分，寫下了《緬懷臺灣國民黨元老陳立夫先生》。

濃濃同胞情，殷殷統一心，把海峽兩岸一老一少連在一起，成為祖國統一大業進程中一束絢麗異常的繁花。

呂子榮還寫了許多頌領袖的詩篇，《毛澤東頌賦》《胡耀邦頌賦》等詠懷領袖的作品，以磅礴的筆觸，勾勒出了中國革命卓絕的鬥爭歷史和中華變革的重大歷史事件，刻意打造紅色文化品牌，先後受到毛主席家鄉湘潭市文聯主席趙志超先生和胡耀邦總書記秘書高勇先生的高度讚賞。

歌頌家鄉，更是呂子榮的拿手好戲。一九九八年八月三十一日，是伊通滿族自治縣成立十週年的慶典日。為了表達對故鄉

▲ 臺灣蔣滌非先生與夫人到呂子榮家

的摯愛之情，為節日慶典增添歡樂氣氛，呂子榮寫了五十多副歌頌伊通自然人文景觀的對聯和一些詩詞，請中外書法名家書錄。

　　呂子榮作為一位普普通通的青年農民，卻辦了祖國統一大業中的一件大事，用他詩人般的澎湃激情與家國情懷，溝通了海峽兩岸同胞的感情，為海峽兩岸架起一座金橋。

# 嶄露頭角的書法新秀 —— 趙馳

▲ 趙馳

趙馳（1978 年- ），女，滿族，吉林伊通人。現為中國書法家協會會員、吉林省書法家協會會員、吉林省書法家學術委員會委員、吉林省書法家協會婦女工作委員會委員、吉林省政協書畫院院士、四平市書法家協會副主席、四平市政協書畫院創作員。

趙馳生活在一個鍾愛書法藝術家庭，父親、母親、丈夫、弟弟和弟妹均是書法愛好者。她自幼活動在空氣中飄散著隱隱墨香的斗室中，時刻目睹著父親潛心習練書法的身影，因此常到父親跟前為他研墨、按紙，父親的書畫作品，彷彿有魔力一般吸引著年幼的趙馳。

一九九五年起，趙馳正式踏上書畫藝術之路，多次參加全國性專業書法培訓和學習，不斷創作出優秀書畫作品，積極參加省、全國書法賽事。二〇〇三年，隨父親去北京求學，接受課本化訓練，廣泛結交全國各地書畫菁英，切磋書畫技法，交流藝術創作經驗。由於書畫藝術知識的積累，創作水平的提高，擴大了視野，明確了自己的主攻目標。

趙馳書畫藝術進步迅速，成果頗豐。自一九九八年以來有十餘件書法作品參加省、全國書法作品展覽大賽。二〇〇二年，章草作品獲吉林省首屆臨帖（碑）書法大展銅獎，楷書作品入展中國書法協會主辦的「全國第三屆婦女書法篆刻展」；二〇〇三年，章草作品入選中國書協培訓中心成立十週年歷屆學員成果展，楷書作品入選中國書協主辦的中央電視臺「杏花村汾酒集團杯」全國電視書法大賽；二〇〇四年，楷書作品入選中國書法協會主辦的首屆全國青年書法家篆刻作品展、全國首屆「小欖杯」縣鎮書法展 、「羲之杯」全國書法

▲ 書法作品

大賽、第六屆亞洲藝術節書法精品展；二〇〇五年，楷書作品入展中國書協主辦的第五屆中國書壇新人新作展、西泠印社首屆中國書法大展；二〇〇六年，楷書作品入展中國書協主辦的「全國第四屆婦女書法篆刻作品展」「韓國第三屆 CJB 直指國際書法大賽」特選獎、西泠印社首屆手卷書法展。趙馳書法作品被收錄於十六部全國專業書法作品集。

　　趙馳的書畫藝術取得顯著成績，但她對此並不滿足，她還對書畫藝術理論進行了深入研究。多年來，趙馳把古代先賢大哲及現代的諸位藝術大師的藝術理論都視為自己藝術創作的營養，她通過對理論的研讀和自己在實踐中獲得的感悟，撰寫了多篇論文，分別發表在國內書畫專業報刊上，如：《略論章草書風的丕變》《淺論書法史上草書的幾大流派》《楷書的臨習與創作談》《書法——

中國特色的「抽象」藝術》《說說明代「現代派」書家對於傳統書法的繼承和創新——兼論書法藝術領域的「繼承」與創新的關係》《古今論書法創作及其環境的變異》等。

趙馳除酷愛書畫藝術外，對詩詞也十分感興趣，她是一位青年詩詞愛好者，創作了大量古體詩詞，先後在省、市、縣各類詩刊上發表。

# 滿族剪紙藝人 —— 于福林

▲ 于福林

于福林（1960 年- ），吉林伊通人。剪紙藝人。四平市美協會員，縣政協委員，縣書畫院理事。

于福林生在馬鞍山鎮馬鞍山村大陳油坊屯，西靠馬鞍山，後臨蓮花泡，環境優美，有很多民間傳統習俗。每到年節，人們總是裝點一番，貼對聯，刻掛簽，剪窗花。于福林的奶奶生就一雙巧手，每到年節都要忙個不停，為家鄉父老展示她的剪紙藝術，年幼的于福林常常在老人身邊，看到奶奶如變魔術一般剪成帶有喜慶色彩的各種動物和花草樹木的剪紙作品，他總是愛不釋手。

于福林上學後，對美術課興趣濃厚，課外也認真學習和練筆。一九七九年，高中畢業後未能繼續讀書，考美術院校的理想落空，只好回鄉務農。黨的十一屆三中全會後，實行改革開放，農村的經濟形勢逐漸好轉，農村的年節、婚慶和社會宣傳活動也日趨活躍起來，他經常為鄉里鄉親和有關單位寫標語，寫對聯，刻掛簽，剪窗花，有時還為他人畫玻璃櫃門、門斗和匾額。

一九八三年，于福林被馬鞍山鎮文化站聘用，有機會得到縣文化館郭仲文、張忠等美術工作者的指導，系統地學習了素描、速寫等繪畫基礎知識。同時又參加中國書畫函授大學學習三年，提高了美術繪畫素質和專業水平。自己確定專門攻剪紙藝術後，去各地拜訪專家，請教剪紙名人，剪紙藝術水平很快得到提高。

于福林高中畢業後，受聘於鎮文化站從事群眾文化工作。他認為這個工作

▲ 剪紙作品《滿族舞蹈》

機會十分難得，要下苦功夫把剪紙藝術學好，把中華民族的傳統剪紙藝術繼承下來，一代代傳給後人。功夫不負有心人，于福林的剪紙作品不斷增加，藝術水平也不斷提高，一些優秀剪紙作品，陸續走進縣、市、省和全國美術展覽，並受到同行讚許和專家的充分肯定。

一九八九年九月，剪紙《向天歌》在吉林省民間美術作品展覽中榮獲三等獎；一九九〇年，剪紙《向天歌》《滿族舞蹈》等多幅剪紙作品參加在北京時代美術館舉辦的首屆中國民族民間剪紙大獎賽；二〇〇〇年一月，剪紙《生肖賀喜》十二幅在縣迎新春春聯剪紙大賽中榮獲一等獎；二〇〇二年，剪紙作品《六合同春》在吉林省第六屆「迎新春」春聯剪紙大賽中獲一等獎；二〇一一年八月，剪紙作品《長白山的傳說》榮獲第六屆中國（長春）民間藝術博覽會民間藝術品金獎。

于福林的剪紙作品除了參加各級舉辦的展覽大賽外，還被新聞媒體廣為報導。二〇〇三年，剪紙作品《娶女婿》先後在《中國人口報》和《婚育週報》發表；二〇〇四年，剪紙作品《娶女婿》獲第七屆吉林省人口新聞獎二等獎；二〇〇五年，剪紙作品《獎勵扶助暖農家》在《人口與計劃生育》刊物上發表；二〇〇九年七月、二〇一〇年二月剪紙作品《紀念世界人口日》和《和睦家庭》先後在《人生》雜誌上發表。

于福林的剪紙作品，有著濃郁的地方和民族特色，嫻熟的技法和厚重的文化底蘊，引起了世人關注和喜愛，一些優秀剪紙作品被收藏。剪紙作品《向天歌》《千手觀音》分別收入《伊通縣志》和《伊通滿族自治縣志》。二〇〇七年，剪紙作品《紅樓十二金釵》被臺灣著名詩人蔣滌非先生收藏。

　　于福林刻苦求藝，勇於攀登，在民族傳統剪紙藝術創作上取得喜人的成就，為搶救、保護、展示、傳承民族文化貢獻了才智。二〇〇七年，被四平市政府命名為「四平市文化名人」；二〇一三年，被省文聯、省文化廳、省民間藝術家協會授予「民間文化藝術突出人才」光榮稱號。

▲ 剪紙作品

# ▌二人轉名角 —— 李桂琴

▲ 李桂琴演出的二人轉《辮子墳》

李桂琴（1964年- ），女，滿族，吉林伊通人。國家一級演員，伊通滿族藝術團團長，伊通滿族自治縣戲劇創作室主任。

李桂琴在小學、中學讀書時，就對戲劇曲藝極為喜愛，自身又有幾分天賦，於一九八二年一月考入伊通縣戲曲劇團做演員。她勤奮好學，苦練功夫，創新進取，於一九八三年一月，從師於吉林省著名二人轉老藝人李青山第三代傳人王淑琴，頗得老師言傳身教，進步迅速，很快就擔綱主演，成為伊通戲曲劇團主要演員之一。

李桂琴從藝二十多年，臺風嚴謹，一絲不苟。在塑造角色過程中，善於挖掘人物的內心世界，辨其細微，獨具匠心，演一人，肖一人。她的唱腔瓷實，圓潤，流暢，自然，特別是報板脆生，乾淨利落，穿透力強，能準確地把每一個字送到觀眾耳朵裡。隨著她的二人轉表演藝術不斷提高和進步，先後承擔了許多優秀劇目的主要角色，每每獲得成功。

李桂琴演出的拉場戲《爭女婿》首次演出就榮獲省、市會演二等獎；二人轉《諸葛亮招親》獲省、市二人轉會演一等獎，《牛郎織女》獲省、市會演二等獎，《撞媽爭媽》獲省會演一等獎；二人轉《劉秀坐樓》《辮子墳》等劇目獲省一等獎，並榮獲首屆全國二人轉新劇目觀摩匯報演出二等獎。

李桂琴注重對劇目的研究工作。她經常從演過的劇目中總結經驗教訓，不斷提高二人轉表演藝術水平。她導演的劇目《國太出馬》《未婚媽媽》都給觀眾以最新最美的印象。她與人合作撰寫的論文《劃破夜空的一顆星》在國家文

▲ 演出的二人轉《辮子墳》

化部《文化大視野》雜誌上發表，並獲優秀論文獎。

　　藝術表演是李桂琴的職業，她視藝術如生命，在藝術的道路上不斷探索和創新，取得了驕人的成績。二十多年來，她不僅為全省二人轉的表演藝術增添了光彩，也為伊通贏得了榮譽，被評為四平市文化名人。

# 滿族少兒舞蹈的園丁 —— 孫偉丹

　　孫偉丹（1970 年-　　），女，滿族，吉林伊通人。中國舞蹈家協會會員，伊通滿族自治縣舞蹈家協會主席，伊通偉丹滿族少兒舞蹈學校校長，政協伊通滿族自治縣委員會第四、第五、第六屆委員。

　　一九九八年，孫偉丹從四平幼兒師範學校畢業，先後在伊通滿族自治縣職業高中和縣幼兒園從事舞蹈教學工作。二〇〇〇年，應縣幼兒園新教學樓落成典禮和「六·一」匯報演出的需要，她借調到幼兒園，協助完成了這臺演出的編排和排練，受到縣領導和家長的好評。那之後，便有家長找到她，請求繼續教孩子學習舞蹈。應家長的懇求，她成立了小小的舞蹈班。在教學初期，她明顯感覺到知識的匱乏和教學中存在的問題，心裡有極大的壓力。她開始利用一些課餘時間去藝術學院旁聽，買大量的教學資料為自己充電，每天除去工作，大部分時間都在看資料，記筆記，也去參加省裡舞協教師的培訓和考試。經過一段時間的潛心積累，她逐步找到適合幼兒學習的教學方法，她用孩子們聽得懂的語言教學，學校教學開始走上正軌，學員大幅度增加。她也從每天一節課增加到一天四節課，演出活動也相應增多了。

▲ 孫偉丹與小演員

▲ 孫偉丹輔導的少兒舞蹈

二〇〇一年，她建起一間簡陋的舞蹈訓練室，成立了偉丹滿族少兒舞蹈學校，她既當校長又當老師。也就是從那個時候起，每個寒暑假，每個星期天，孫偉丹都要放棄自己的休息時間，去給孩子們上舞蹈課。只要是有學生，不管是幾個人還是上百人，孫偉丹都照樣一絲不苟地教學生動作，指導學生形體訓練。有時一天要上四個班的課，下課回家，連走路吃飯的力氣都沒有。儘管這樣，孫偉丹也從來沒有一點點的鬆懈，為的就是要讓孩子們用業餘時間訓練，達到專業舞蹈要求的水平。

二〇〇六年，縣裡召開團拜會之前，領導指派她編排開場舞，因那年是農曆狗年，於是她選定了《狗娃鬧春》這個舞蹈。舞蹈的編排順利地進行，但是在演出的道具上遇到了極大的難題：為了演出的舞臺效果，小演員們需要的道具是大大的鼓和長長的喇叭。二十人的舞蹈，購買費用相當大暫且不說，光是鼓的重量幼兒就難以承受。孫偉丹犯難了，她天天冥思苦想該怎麼辦。後來，和家長們一起研究決定，自己動手為孩子們製作。排練之餘她便去市場找各種材料，用兩個大號的紅色塑料盆扣到一起，裡面放滿塑料泡沫，外面用金色膠紙貼成金色泡釘的樣子，再繫上大大的紅綢，逼真且適用的大鼓製作成功了。之後，她用大號的塑料碗做喇叭嘴，用捲起的地革做喇叭管，連接起來後幾可亂真，形象逼真。為了保證演出質量，她每天都和孩子們排練近十個小時。在家長的積極配合和鼓舞下，孩子們的表演獲得了空前的成功，迎來觀眾潮水般的掌聲和好評。

之後，學校的發展勢頭越來越好，在家長和學生的一再要求下，又開設了播音主持、拉丁舞、古箏等學科，還開設了十個班級的中國舞，校區面積達到了一千多平方米。專業的設施和精良的教師隊伍，使偉丹滿族少兒舞蹈學校走上了新的高度，教學水平得到社會各界人士和家長的認可。

偉丹滿族少兒舞蹈學校已走過十四個年頭。回首這十四年走過的風風雨雨，總有一種別樣的滋味縈繞在心頭，但讓孫偉丹難忘的幸福時刻，依舊是孩子們取得好成績的時候。

▲ 孫偉丹輔導的滿族少兒舞蹈

　　二〇〇八年，在第四屆國際青少年藝術盛典上，偉丹滿族少兒舞蹈學校選送的舞蹈《大書包》榮獲特別金獎。二〇〇九年，在第三屆「和諧春晚」全國青少年才藝電視展演中，學校選送的舞蹈《精舞門》在整個展演中脫穎而出，一舉榮獲金獎並在中央電視臺少兒頻道展播。偉丹滿族少兒舞蹈學校獲得「全國青少年藝術人才培訓基地」榮譽稱號，孫偉丹個人獲得「優秀指導教師」稱號。

　　二〇〇九年七月，在長春市國際會展中心舉辦的吉林省第一屆全國少年藝術展演暨二〇一〇年吉林省春晚節目選拔賽上，偉丹滿族少兒舞蹈學校參演的舞蹈《溜溜的康定溜溜的情》，孩子們優美的動作展示，完美的形體語言，流暢的節奏韻律，恰當的情感表達，詮釋了對經典音樂作品的感受、體會和理解。整個舞蹈猶如一首飄逸的詩，一幅流動的畫卷，為現場的每一位觀眾及評委帶來無限的遐思和藝術享受。雷鳴般的掌聲過後，兩位資深的北京評委走下評委席來到後臺，跟孫偉丹和小演員們見面，並且高度評價了這支舞蹈的創作

與表演。

　　二〇一〇年，在「文化長春 綠化吉林」第二屆全國青少年藝術展演及「和諧春晚」選拔活動中，偉丹滿族少兒舞蹈學校選送的十個舞蹈全部獲獎，其中，《貓鼠之夜》和《天山舞韻》榮獲金獎。

　　在擔負著舞蹈文化的繼承與發展任務的同時，孫偉丹一直想實現一個心願，那就是讓伊通偉丹滿族少兒舞蹈學校成為一所教授少兒滿族舞蹈的專業學校。

　　幾年來，在偉丹滿族少兒舞蹈學校走出去的上千名學生中，有的升入了上級藝術院校，有個學生被著名編導張繼鋼收入門下，有的在大學校園裡成為文藝骨幹。二〇一〇年八月，孫偉丹的兩名學生被國家考級中心選中並參演中央歌劇舞劇院在國家大劇院由譚晶主演的歌舞劇《在那遙遠的地方》，孫偉丹本人被國家文化部推舉為中國歌劇舞劇院舞蹈專業社會藝術水平考級考官。

　　孫偉丹有一個心願，就是希望社會各界都來關注少兒舞蹈，把滿族少兒舞蹈事業提升到一個新的水平，有一個新的飛躍，讓更多的孩子從小就接受美的教育，受到民族藝術的薰陶，讓滿族少兒舞蹈在伊通遍地開花，香飄萬里。

▲ 全國優秀藝術特長生展演活動

第四章

文化景址

伊通歷史悠久，山川秀麗，古蹟眾多。古伊通州，山川形勝，幅員遼闊，商賈雲集，冠蓋冕旒，繁華似錦，人文景觀薈萃，是歷代王侯舞劍、屯兵之重地。古有烏蘇舊跡十四景，如璋地祭臺、伊河古渡、驛路銜陽、三眼神井、伊丹戲樓、伊通州城等。今天仍可以看到皇家圍場、柳條邊、大驛路、原始文化遺址、遼金遺址以及抗聯遺址等遍布全縣的歷史遺址。這些都是瞭解伊通歷史文化的重要窗口，已成為伊通乃至人類歷史上不可複製的寶貴文化遺產。

# 東河北遺址

　　東河北遺址位於縣西北景臺鎮境內大黑山之北麓，地屬景臺鎮昌盛村東河北屯，東北距鎮政府所在地約九千米。遺址坐落在昌盛村部所在地（瓦盆窯）北一千米許的西河北屯與東河北屯之間的一座小山上。此山山勢不高，山形漫圓，當地俗稱「王八蓋子」山。這裡山環水繞，自然環境極為優越，頗宜古代人類居住。遺址的東、北兩面皆傍依大黑山的餘脈，南臨一條寬闊山谷，向東出谷即為公主嶺市界。谷中有一條小河自東而來，繞過遺址東南山腳向西北流匯入東遼河。遺址面積較大，地表遺物豐富。遺物分布範圍大致為東西長五百米，南北寬二百米，總面積約為十萬平方米，遺物相對集中於此山南坡及山頂附近。調查中採集到許多陶器殘片，而石器尤多，此外還見有大量的石器半成品。

　　石器共採集二十餘件，種類有斧、刀、鏟、鋤、磨棒和圓餅狀石器等，打製和磨製器均見，以磨製器為多。多數磨製石器都是先打出雛形再加磨礪，由於用途不同，其磨製的方法和部位也有區別。石刀、石簇都是通體精磨，光滑而鋒利；石斧、石鏟一類多半精心於刃部的磨製，器身往往粗磨或不磨；石鋤則於身或束腰部分粗磨，而在刃部精心加工，僅個別見有通體磨製較精者。石器的選材較為駁雜，材質有頁岩、凝灰岩、角礫岩、花崗岩、砂岩等。一般來講，斧、鋤之類多選用較為粗糙的角礫岩、砂岩等。鏟、刀一類則選用凝灰岩和頁岩者較多，而磨棒則一律採用堅硬的花崗岩，以適應穀物去殼和加快研磨速

▲ 新石器時代原始生活圖景

▲ 東河北遺址出土文物

度。形制上，斧、鏟類多為條形，鋤則較多變化。

遺址所見陶器殘片均為夾有細小砂粒的砂質陶，手製，器壁薄而勻，表面經打磨或磨光。陶器燒造火候偏高，殘片較堅硬，少量陶片由於長年土蝕，表皮斑駁脫落。陶色以黃褐色為主，此外還有黑褐色和紅褐色兩種。內壁多呈黑色，多數陶器的內、外壁均經磨光處理。器型多碗、罐之屬，小型器居多，平底底部直徑一般在五到八釐米之間，口沿直徑亦小，個別見有直徑在二十釐米左右的較大器型。

東河北遺址是一處面積較大、年代較早的新石器時代遺址，從普查情況看，也是伊通北部唯一的一處新石器時代遺址，學術和科研價值較大，是一處非常重要的原始文化遺址。不僅是因為遺址面積大，破壞程度輕，同時也由於遺址中遺物的豐富程度，更為重要的是該遺址的位置所在。東河北遺址地處東遼河上游，大黑山北麓，介於東遼河、輝發河和松花江幾大水系之間，這對於瞭解其間新石器文化內涵，文化面貌的異同，從而進一步搞清我省新石器時代文化的區系類型，都不無意義。

# ▎吉興屯遺址

　　吉興屯遺址位於伊通滿族自治縣二道鎮石門水庫之南的吉興村吉興屯西側山崗上，西北距二道鎮鎮政府所在地約十二千米。吉興屯之西有三條東西向的平行山崗，海拔都在三百米左右，其西端均與另一條南北向大崗相連，構成一個橫「山」字形，遺址即坐落在這三條橫崗上。橫崗之間的兩條山谷裡，都有山水流出，向東於吉興屯東頭匯入三道溝河。遺址依山環水，自然環境十分優越，既適於農耕，又宜於漁獵，是古代人類生活的理想場所。

　　吉興屯遺址面積較大，遺物在三條橫崗上都有分布，且均集中在南坡。三條山崗上的遺物相同，當為同一遺址，總面積約三十四平方千米。

　　三道山崗中，中間的一條稍短，遺物分布最為集中。此崗長約一千米，山勢略成馬鞍形，南北兩坡都已被開墾為耕地，遺物暴露較為明顯。整個南坡從

▲ 吉興屯遺址

山頂到山腳，都有殘碎的石器和陶片分布，上半部尤多，俯拾即是。南邊的橫嶺大部分也已經開墾，遺物以南坡上部為多見，石器及陶片特徵與中嶺相同。北邊一道嶺尚未開墾，其高度與南嶺相同，較中嶺高出二三十米許。現仍長滿樹木野草，遺物亦相對稀疏。但這裡發現的陶器較多大片，甚至有完整或基本完整的鬲足、豆柄等，破壞和擾動不太嚴重。此崗南坡中部，有一條東西向車道，道旁的斷崖上，可以看到一層厚三四十釐米的文化層，層內陶片、燒土十分密集。斷層的東端有一條由黏土和粗砂構成的堆積，經過燒烤，長一米有餘，厚四到五釐米，可能是原來房址的居住面。

從採集的標本看，遺址中主要是青銅時期的文化遺物。遺物主要是石器和陶器殘片，中嶺及南嶺的南坡尤為密集，採集亦多，石器共採集二十餘件，種類有斧、刀、鑿、鋤、錘、礪石和石球等，大部分是磨製而成，亦有少量的打製器。石器的取材較雜，質料主要為凝灰岩和變質砂岩之類，此外還有個別石器為頁岩和花崗岩質。

陶器殘片在遺址中幾乎遍地都是，各類標本採集五十餘件。其種類比較齊全，器型中有豆、罐、壺、鬲、鼎、碗、缽等。陶質均為雜有較大砂粒的夾砂粗陶。手製部分似經慢輪修整，器壁厚度多在〇點八到一釐米左右。表面顏色以紅褐色為最多，其次是黑褐色和黃褐色兩種，個別還見有灰褐或黑灰色，可能是燒製中火候控制不勻造成的。其文化特徵似可概括為：磨製石器和手製的夾粗砂褐陶。石器是主要的生產工具，磨製器多於打製器，種類有斧、鋤、刀、鑿、錘等，顯示了一種以農耕為主的經濟形態。石鑿、石錘可能也用作木器骨器的再加工，而大量的紡輪則表明其紡織的發達程度。遺址中還發現了礪石，使我們想見當時青銅之類的金屬器的存在。製陶技術比較發達，

▲ 吉興屯遺址出土的石器

陶器已經使用慢輪修正，陶器常常做成較厚的胎壁，表面採用抹光或磨光，有的施加紋飾。紋飾比較單一，基本上是以戳出的坑點構成各種圖案。陶色以褐為基調，或偏於紅、黃、黑色，有的同一器物上也出現不同顏色。器型以罐、壺、豆、鬲、鼎、缽（碗）為基本組合。前三種占比較多，飲器中鬲多於鼎。如果把吉興屯遺址這些特徵和鄰近地區的青銅文化相比較，這裡和西南方東遼、東豐以及海龍一代的青銅文化比較接近，與西北四平、公主嶺一帶在陶質上略有差異。和東、西吉長地區的「西團山」文化相比較，鼎、鬲顯然不如彼處發達，而豆類則比那裡多得多。同時在陶質、紋飾和陶器風格上也有所不同。此外還應提到的是，在本遺址北嶺的西端和連接三嶺之南北向大嶺的交界處，有一座用山石和土堆疊起來的「城堡」，當地皆稱之為「高麗城」。「城堡」中無遺物，但在其東南山坡上曾拾到過鐵箭頭，故其年代、性質尚待查清。

　　吉興屯遺址是伊通目前發現的面積最大的一處青銅時代遺址，遺物之豐富可用車載船裝來形容。該遺址坐落在三山環抱之中，西、北有高山大嶺為屏障，東、南有溝谷河流為通道，盡得天時地利之宜。遺址中不僅有大量的陶、石器，也有如北嶺那樣的保存完好的文化層和居住址，很可能是當時某一個部落聚居地，具有較高的學術和科研價值。遺址現已公布為吉林省省級重點文物保護單位。遺址的年代，大致相當於中原的戰國時期。

# 羊草溝遺址

　　羊草溝遺址位於羊草溝屯東南二千米處石灰廠北側山崗上，是伊丹鎮東北部的一處較大遺址。羊草溝屯距鎮政府所在地約七千米，歸東昇村轄屬，出伊丹鎮東北行進羅家溝過嶺即至。屯東側有兩條大溝，一向西南，一向正西，遺址則坐落在兩溝之間連綿山嶺之東段。東、北、西三面皆為高矮與之相若的山崗，南面瀕臨大溝，溝中有一條小河自東而西流下。河的南面地勢平坦開闊，近年建有小規模的石灰廠。這一帶海拔不高，屬於大黑山與哈達嶺之間的丘陵地帶，遺址背山臨水，自然環境頗為優越。

　　遺址現為退耕荒地，表面草木叢生，據當地群眾介紹，幾十年前這裡原是大片耕地，後因其遠僻貧瘠而撂荒。五六十年前，耕種時常常可以看到半個或

▼ 羊草溝遺址

大半個的殘陶器，陶片更滿地皆是。而今則草木繁茂，遺物不易尋索。遺物最為集中的是南坡偏東處，這裡有一個略呈馬蹄形的大坑，坑中暴露有大量的草木炭灰、紅燒土、碎石塊等，還採集到一些陶器的殘片。此坑周圍，陶片數量亦多，可能是當時的一處居住址。

羊草溝遺址中採集到兩種不同陶片，可能是兩種不同時期的文化遺存。前一種夾有粗砂的素面陶片，從調查結果來看，和伊通大多數青銅器時代遺址的陶器也有較大區別。這種陶質嚴格來講可以看作是一種砂質陶，這和伊通目前發現的新石器時代遺存的陶器特徵是相同的。在羊草溝遺址周圍，西面如梨樹縣長山遺址，南面如東豐縣斷梁山遺址，東面如吉林市郊二道嶺子、虎頭砬子遺址，北面如農安縣左家山、元寶溝等諸多新石器時代遺址中，都以薄胎的砂質陶為主。羊草溝遺址中這類細砂陶屬於新石器時代範疇，其年代為新石器時代晚期。石器共採集十二件，絕大多數為磨製，質料有泥質頁岩、角礫岩、凝灰岩等。其中石斧六件，石錘二件，石鑿一件，石刀一件，礪石一件。此外，還採集到一件橢圓的球形石器，小巧而光滑，可能是製陶時用來打磨陶器表面的研磨器。

羊草溝遺址是一處既含有青銅文化遺存，又含有新石器時代遺存的較大遺址，這裡不僅有種類豐富的古代遺物，也有當時人們居住的房址遺跡。同時，由於耕地的早年荒廢，近年來未經深翻和修築梯田等較大擾動，保存尚好，具有一定的保存和發掘價值。

# 三道城子遺址

　　三道城子遺址位於三道鄉三道村三道崗子屯正北二百米處。遺址處於起伏不平的丘陵之上，東五米有一條鄉路，其南端是一條旱溝。

　　遺址面積東西長一百米，南北寬五十米，現已開墾為耕地。地表遺物比較豐富，所見有青磚、泥質灰色布紋瓦、泥質灰陶口沿、牙黃釉瓷器殘片等。

　　就陶器殘片看，可識器形有甕、罐之類，瓷器多盤、碗之屬。陶器皆輪製，紋飾較少，有的僅一道附加堆紋，有的外罩一層紅色陶衣，瓷器外部施釉皆不到底，器底有乳狀突起。所採集的標本中有一類似小狗之類的後半身，胎較粗，黃褐色，手製，身上施牙黃釉，尾部施褐釉，後腿亦殘，做工較細，形象逼真。

　　據群眾介紹，在遺址中曾出土過銅鍋、銅匙、大甕等生活用品。據所見遺物，此處應是一遼金時期居住址。

▲　三道城子遺址

# ▌前大屯古城

　　前大屯古城位於東尖鄉東尖村前大屯內，城北約十米即東尖鄉糧庫，東北三百米為東尖山，西五米是由東尖鄉通伊通的公路。

　　城的周長一三六〇米，略呈長方形，方向一百八十度。東、西兩牆各三百米，南、北兩牆各三百六十米。

　　牆的結構為夯土板築，土質為黃黏土和黑土，夯層厚約十四釐米。不見有甕城、馬面、角樓等設施。牆外東、西、南三面的護城河，現僅為略低於地表的水溝。

▼　前大屯古城

# ▌前城子古城

　　前城子古城位於新興鄉前城子村前城子屯北端，整個屯分布在一道較大的東西向漫崗的南坡，古城建築在漫崗的最高處。城的西北約二千米處是新興鄉的橫頭山子，西五百米為伊通至長春的公路。南距另一東西向漫崗約一千米，西牆外是一條南北鄉道。古城基本呈正方形，每邊長四百五十米，周長一八〇〇米左右。

# 大營城子古城

　　大營城子古城城址位於大孤山鎮大孤山村大營城子屯東北約一百米處的農田，城址略呈長方形，方向三十三度。城牆夯土構成，周長一三八〇米，北牆三百一十米，南牆長度與北牆長度相等，現已基本破壞，東、西牆原長三百八十米，現南段破壞，殘長各為二百七十米。北牆保存較好，除西北角被破壞一段外，整個牆體還在，特別東北角尚能看出圓形角樓的痕跡。角樓直徑約十五米，殘高三米左右。北牆外側殘高約二米，因城內地面高度與北牆相等，故北牆的寬度不詳，東、西牆現已闢為耕地，僅存高約一米的「土楞子」，而南牆址則有一道現代挖成的排水溝。

　　據城的結構、形制及遺物斷代，此城的修建和使用應在遼金時期。

▲ 大營城子古城遺址

# 城合店古城

　　城合店古城位於新興鄉遠大村城合店屯東—西北高東南低的坡崗之上。東與雙陽縣鹿鄉鎮劉家村東楊燒鍋屯隔河相望。城南有一小水庫,西北緊挨城合店屯,東面距新興鄉遠大村的楊家燒鍋屯約〇點五千米。

　　古城略成菱形,東北、西南兩角不足九十度,西北、東南兩角略大於九十度,牆的長度四邊皆四百八十米。西、北、東三面皆不見城門遺跡,僅南牆在距其東端二百八十米處有一缺口,長約二十米,其兩端各有一土堆略高於牆應為城門,不見甕城遺跡。城的四角皆有角樓,西南、東北兩角樓保存完好。每道牆上皆有四個馬面,馬面之間的距離約一百米。牆的高度,東牆二點五米、南牆四米、西牆北牆皆三點五米,牆的頂寬一點五米、底寬近二十米,馬面直徑在二點五米左右。

▲ 金代銅鏡

# 清代三大國家工程

　　清代的驛路、圍場、柳條邊橫亙伊通，在一個縣裡擁有清代三大國家工程遺跡，這是不多見的。

　　伊通的南部為屬於盛京圍場的阿木巴克圍場和吉林西圍場。二〇〇九年全國第三次文物普查中，在伊通縣境內的小孤山鎮、三道鄉、大孤山鎮、西葦鎮、伊通鎮五個鄉鎮，複查清代皇家御圍場遺址時，發現了清代皇家御圍古道。古道自西向東綿延百公里，它將清代皇家御圍場邊界的六十六座烽臺和五處青銅時期古人類遺址連起來。一些烽臺（也稱為封堆）保存得相當完整，成為圍場的主要景址。阿木巴克圍場境內有「邊牆」（腰葦村北山及大孤山升禮村三道東李村一帶）、「烽臺」（地點同前）、「圍房」（西葦林場南嶺上）等遺址。邊牆自西向東，穿山越嶺蜿蜒百里，為阿木巴克圍場邊界。圍場四周所設烽臺，為捕牲丁看守圍場點燃烽火通訊聯絡之用。當時曾有「七里一墩，八里一臺」之說。「圍房」當地老百姓稱「老營房」，為看守圍場的兵丁食宿處。每隔二十五華里左右修一處營房，每處營房駐守捕牲丁十至十五人，在阿木巴克圍場境內有「老營房」四所，共有兵丁六十餘人，在西葦林場南嶺上現今還可以見到青磚、瓦片、土堤等老營房遺存。這裡駐守的捕牲丁，既看守圍場不准老百姓入內，又捕射獵物，採集山果，向朝廷進貢。

　　阿木巴克圍場境內至今大部分村屯還沿用著從前的地名，如老虎嶺、野豬溝、鹿圈、獾子洞、黑瞎背等屯，長泡子、蛤蟆

▲ 伊巴丹驛站拴馬石猴

塘、葦子溝、鹼場等村。關於阿木巴克圍場有許多動人的傳說，至今仍在民間廣為流傳。

▲ 大驛路石板橋

伊通中部有驛路穿過，驛路橫貫伊通全境，在伊通境內驛路里程為三百三十五里，有五個驛站：自吉林府經蘇幹延（雙陽）站三十五里入伊通州界，二十五里至伊巴丹站，六十里至阿勒坦額墨勒（大孤山）站，六十里至赫爾蘇站，八十里至葉赫站，五十五里至蒙古霍羅（蓮花街）站。現在驛路的景址主要有阿勒坦額墨勒驛站、伊巴丹驛站和宋家窪子驛路石板橋。阿勒坦額墨勒驛站門底兩墩石鼓形門枕石、伊巴丹驛站的拴馬石猴等文物至今保存完好。

柳條邊綿亙伊通北部，如綠色長城，把七星福地打扮得分外妖嬈。柳條邊

▲ 伊通大驛路拉腰子

▲ 黃嶺子保家柳條邊

▲ 伊通邊門所在位置

▲ 圍場禦風逐鹿

在伊通州內達一百五十千米，伊通境內有三個邊門，即布爾圖庫邊門（半拉山門）、赫爾蘇邊門和伊通邊門（易屯邊門）。邊門之間設若干邊臺，每臺有臺丁一百五十至二百人。

　　現在伊通境內沿柳條邊仍有景臺、五檯子、孫家臺等地名，即當年的邊臺舊址。現在伊通的柳條邊主要分布在黃嶺子、景臺兩鎮。黃嶺子鄉境內的柳條邊自保家村河西屯北四百米處由公主嶺入伊通境經楊家村、和平村入景臺鎮，

▲ 位於小孤山路家村南面的圍場古道

▲ 圍場封堆

長約七點五公里。其中保家村一段約一點五公里的柳邊保存較好，土堤尚有一點二米的高度和寬度，壕深尚近三米，底寬近二米，口寬近三米。楊家村部分有五千米左右的柳邊堤高近一米，基寬三米，亦屬較好者。和平村亦有一段，雖不如以上提到的完整，但也比較清晰，長不足一點五千米。

▲ 圍場邊牆

▲ 省界牌與小孤山山河村 1 號封堆

# 七星山

　　伊通有七座自西北向東南呈北斗七星狀錯落排列的火山，人們叫它「七星山」。山雖不高，但特立峭拔，各有風姿。晨夕望之，於煙霞霧靄之中，愈見其風姿綽約，亭亭玉立，絕似一隊脈脈含情的仙子。他們從古至今裝點著伊通的自然環境，陪伴著伊通人歷盡無數的人世滄桑。

　　山的序列頗似天上北斗，故伊通流傳著一個美麗的傳說：天上原有兩組北斗星，一日，天公忽發奇想，要其中一組在天上為人們指北，一組去凡界為人間增麗。於是，其中一組便步下天庭，但環視四周未有可心的棲息之所，後來發現伊通一帶人傑地靈，便落身於此。從此，伊通便有了美麗的七星山和七星落地的傳說。

　　七星山分別坐落於伊通縣城的四周。大孤山海拔四百三十米，距縣城十七千米，在西南；西尖山海拔三百五十四米，距縣城四千米，在西北；東尖山海拔三百八十米，距縣城六千米，在城北；小孤山海拔二百六十九米，距縣城三十五千米，在西南；馬鞍山海拔二百七十二米，距縣城十二千米，在城北；北尖山海拔三百五十一米，距縣城三十五千米，在西北；莫里青山海拔三百五十一米，距縣城二十千米，在西北。

▲ 七星山之首——大孤山

其中，大孤山是七星山中最高的一座，遠在數十里外即可望見，被稱為七星之首。滿語稱此地為「阿勒坦額墨勒」，漢譯為「金色的馬鞍子」。

大孤山的山峰有四個，各具形態，東、南、西三面皆高聳陡峭，而北坡稍緩。山皆玄武岩構成。四峰中居東北者最低，多奇特的石塔林，地質學家稱之為「塔林峰」。此峰的玄武岩柱體橫截面多呈四邊形，直徑在十至三十釐米間。峰上有「石炮」「炮筒」自壁間橫出，長有二米，直徑在四十釐米左右。峰頂有一塊巨石，石高二米，石面如炕，可容數人盤膝而坐。正中有小泉，直徑二吋有餘，水清澈，不外溢，四季盈滿，可飲用可洗手。每到春季，山峰上芳草如茵，山花爛漫；羊腸小道，山態崢嶸；百年老榆有曲屈之勢，天然松柏多蒼翠之容。遊人至此，或盤桓松下，或在山前逗留，才知道此山的美與眾不同。

東南峰狀如虎頭，俗稱「老虎頭」。虎頭之南端又較突出，整體似一巨龜，故又有「巨龜峰」的雅譽。西南峰峰頂雖高，卻寬敞，其上可容千餘人。有「青雲觀」建於峰上，佛堂曠朗，殿宇巍峨，每逢朔望，暮鼓晨鐘可聲聞數里。農曆四月二十八日是每年一度的廟會，從晨至夕香客摩肩，遊人接踵，有祈禱者，有觀光者，熙熙攘攘，絡繹於途，成為一時的盛事。西北峰最高，峰脊宛如巨龍，北壁尤其峭峻。置身其上，頓覺地闊天高，阡陌縱橫，盡收眼底。

除大孤山之外，其他六座山峰亦各有特點：西尖山半山腰處的玄武岩天然洞穴是中外罕見的，此洞洞體深斜，冬溫夏爽，遠來伊通的遊客，皆以一睹為

▲ 七星山瓷磚畫

幸；東尖山玄武岩柱的節理分明，造型奇特，尤其山上的野杏樹更遐邇聞名，陽春三月，杏花如海，和風輕送，香飄數里；小孤山以形如巨帽標新；莫里青山以崖似鷹嘴稱奇；馬鞍山狀如金馬之鞍；而北尖山則臨水庫而獨秀，盡林木之蔥蘢，風景幽深，令遊人流連忘返。

七星山是伊通的重要遊覽場所，也是省內外甚至國內外許多遊人十分嚮往的旅遊勝地。曾有人讚譽說：「早知有此山，何必下江南！」

吉林省人民政府已於一九八四年把包括七星山在內的伊通火山群，正式確定為省級自然保護區。一九九二年十月，經國務院批准晉陞為國家自然保護區。二〇〇四年十二月，經省土地資源廳批准為伊通火山群省級地質公園，並計劃將大孤山和西尖山建成一定規模的「火山公園」。不久的將來，七星山將以更美的姿容吸引多方遊客，陪伴伊通人走向更美好的未來。

# 伊丹戲樓

▲ 伊丹戲樓模型

伊丹戲樓，建於康熙五十年（1711 年），距今已近三百年。戲樓坐落於伊丹街中心，面北背南，以石、磚為底座，鳳尾式蓋簷，四根木質明柱，柱上雕龍畫鳳，簷下有銅鐘。

戲樓高二丈，南北長二丈七尺，東西寬二丈一尺，青磚到頂；從地面到檯面高五尺，檯面四周是青理石鑲邊。前臺有四根直徑一點五尺、高一丈的朱紅圓木柱，正中樓簷下面雕刻著二龍戲珠；前臺柱子上面橫有一根方跨梁，梁頭刻作象鼻狀，上涂白色；前臺樓頂呈馬鞍子形，邊簷上翹，兩邊簷上各蹲著五只昊天犬。樓的四角各懸銅鑄「驚雀鈴」一枚，後臺是化裝室，左右各有一門，左為出將門，右為入相門，化裝室和前臺中間設有隔壁，底下是青磚牆，上邊是花窗。兩側山牆上各有一個月亮窗。戲樓正面花窗上掛一橫匾，上書「律奏春陽」，兩側有對聯，上聯「金榜題名虛富貴」，下聯「洞房花燭假姻緣」。戲樓後臺化裝室內壁畫是「幽王峰火戲諸侯」「楚昭王回國」和「青草坡」等，化裝室內正面掛一牌匾，上書「陽春白雪」。

伊丹戲樓修建得雄偉精緻，畫棟雕梁，充分體現了勞動人民的聰明才智。

# 南山

　　南山旅遊風景區為國家 3A 級景區，是集民俗風情、休閒度假和野生動植物觀賞為一體的宗教文化景觀、自然生態景觀俱全的旅遊景區。景區內空氣清新，環境優雅，景觀別緻，森林植被覆蓋率達百分之八十以上。北距縣城六千米，東西寬三千米，南北長六千米。占地十八平方千米，自然資源和旅遊資源比較豐富。從南山腳下向上走，穿過三道壯觀的漢白玉牌坊，登上二百一十七級臺階，就進入了保雍寺。南山景區以保雍寺為主體建築，另有琴湖一座，萬佛塔一座。萬佛塔就坐落在景區的最高山巔，氣勢宏偉。塔高五十米，共九層，下有地宮一層。塔尖的金屬球在陽光照射下熠熠生輝。寶塔映在湖面上，顯出美麗的倒影；在朝霞和夕照之下，更顯得輝煌壯麗。塔周圍用漢白玉欄杆裝飾，精美玲瓏。從寬敞的塔內循樓梯上到頂層，向四周眺望，著名的皇家圍場層巒疊嶂，四面大地山川村莊盡收眼底，高樓鱗次櫛比的縣城一覽無餘，特別是七星山呈北斗七星狀坐落在一馬平川的大地上，讓人頓覺天高地闊，心曠神怡。

▲ 南山風景區

▲ 南山圍場古剎

▲ 南山霞光

# 牧情谷

　　牧情谷總占地面積二百公頃，三面環山，一灣碧水，風景秀麗，是省內唯一將民俗文化和自然山水融為一體的旅遊場所，被評定為 3A 級旅遊景區。風情薩滿園是整個牧情谷旅遊區的核心，是旅遊區內觀光的主題。它由薩滿神殿、薩滿神路、薩滿圖騰林、薩滿文化展覽館和北方少數民族風情村組成，再現了數千年歷史的傳承，展示了獨特而富有神祕色彩的薩滿文化的內涵。薩滿神路上十八尊神像栩栩如生地站立在路的兩旁，有佛多媽媽神、九乳媽媽等祖先神，風、雨、雷、電、太陽、月亮等自然神，熊、虎、狼、鹿、蟒等動物神，每一座神像都有一個美麗的傳說。薩滿圖騰林裡共有三十六根圖騰柱，是按照薩滿文化中的神話傳說雕刻而成，是中國北方各民族所尊崇的具有代表性的神祇圖騰，體現了人類對自然、對祖先以及對生殖的崇拜。薩滿文化展覽館裡展出了薩滿原始語言符號，頗似象形文字，如「ⅰ」表示「上」，「！」表示「下」。古代薩滿經常通過觀測星象，逐漸認識氣候、季節等自然現象都與星象的變化有關，他們煞費苦心畫出星象圖，用以指導氏族的生產和生活。薩滿

▲ 牧情谷全景

還在岩石上繪出許多生動有趣的岩畫，用樸拙的風格描繪出古人的生活圖景。在一幅畫中，有的舞拳，有的捕鳥，有的乘獨木舟，人的動作千變萬化，筆觸簡練生動。薩滿還繪出地形圖、水文圖等，成為氏族生活的寶貴經驗。此外，還有薩滿神器、神服、面具、神偶等等富有神祕感的展品，令人感到十分新奇。北方少數民族風情村，集中展現了東北各少數民族不同的建築風格、生活習俗、歌舞表演及婚喪嫁娶等民俗風情，在這裡轉上一圈會使你體會到景區濃厚的民族文化氛圍。風情薩滿園引起世界各國學者的濃厚興趣，二〇〇四年國際薩滿文化研討會的與會學者曾到此參觀考察。

▲ 牧情谷薩滿神路

# 景臺范家大院

▲ 范家大院三合院正房清代建築

　　范家大院是目前東北三省乃至於全國遺留下來的占地面積最大、保存最為完整的滿族四合院建築，占地面積二千八百平方米，建於嘉慶年間，距今已有二百多年。范家大院原來是標準的滿族四合院，但後來因為破損，其中一合被拆，變成現在的三合院。走進院裡，可以看到青瓦、門楣與屋脊上那滿族特色的磚雕。范家大院是迄今很難得的保存較為完好的文化遺址。

▲ 范家大院

▲ 范家大院正房與北偏房中間角門

# 伊通河源青頂子山

　　青頂子山距長春九十五千米，長春至營城子高速公路營城子出口後，由營城子至白山公路可達青頂子山。青頂子山滿語「額赫」，意思為「不善」「險峻」。它是伊通河發源地。青頂子山海拔六百一十一米，山高林密，動植物資源豐富，有「小長白山」之稱。

▲ 青頂子山

　　在青頂子山腳下，可以看到蘆葦塘塔頭甸子不斷滲出水來，流水潺潺，匯成小溪向北流去，這就是伊通河的源頭。在公路未修之前，這裡是一片沼澤地，所以才有「大醬缸」的地名。現在在龍王崗屯南邊青頂子山腳的大陡溝子，五月初萬木吐綠時節，溝底還時常有大冰排沒有融化完，呈現一溝存兩季、「冬春一谷現」的景觀，令人稱奇。

　　青頂子山的生態良好，呈現原生態的山林景觀。春天，林下有一大片一大片的野花，黃的藍的紫的，令人目不暇接。林中藤蔓纏繞，彷彿置身於原始森林。

　　青頂子山的野生動植物資源豐富。在清代，青頂子山屬於吉林西圍場。林木以闊葉林為主，部分地區分布著針闊混交林。天然林樹種繁多，喬木中主要有柞樹、山楊、椴樹、山榆、花曲柳、樺樹、山槐、胡桃樹、水曲柳、黃波欏等，灌木中主要有榛、胡枝子（掃條）、山玫瑰、茶條等。草類資源豐富，山上到處可見東北三寶之一的烏拉草。春、夏，這裡又是山野菜的寶庫，其中最有特色的是寒蔥。寒蔥曾作為貢品，於康熙年間進貢朝廷。寒蔥屬百合科多年生草本植物，是別具風味的山珍佳餚。採摘時，必用燈桿河水沖洗，快馬七天運抵京城，不腐不枯。食用有祛風寒、養顏消渴之功效。寒蔥在清代一直作為

美食流傳。

　　秋天這裡是採收野果和藥材的樂園，野生果木主要有榛子、山裡紅、山梨、山杏、山葡萄、獼猴桃，還有草本的覆盆子（托盤）等 。野生藥用植物有五味子、細辛、升麻、草烏、赤芍藥、五加皮、柴胡、益母草、天南星、百合、玉竹、馬勃、防風、龍膽草、桔梗、蒲公英、木通、枸杞、平貝母等，有時還能發現野生人參。

▲ 藍花花

　　山野菜還有蕨菜、薇菜、黃瓜香、山芹、莧菜、黃花菜、柳蒿芽、貓爪菜、山菠菜等。這一帶還盛產多種食用菌，主要有白蘑（中國香白蘑）、榛蘑、松蘑、油蘑、木耳、榆黃蘑等。 如果你來這裡旅遊，還能看到山林間各種各樣的飛禽走獸，獸類有狼、狐狸、狍子、黃鼬、狸（山狸子）、灰鼠、松鼠、野兔等；鳥類有環頸雉（野雞）、榛雞、野鴨、鵪鶉、沙斑雞、麻雀、鐵雀、蘇雀、喜鵲等。

▲ 冬春一谷現

　　青頂子山的人文景觀值得稱道。在青頂子山下，共發現唐代渤海時期冶鐵遺址七處。一千多年前這裡生活的滿族先人靺鞨人就能煉鐵，這在當時來說，已經是令人自豪的先進生產力了。

　　當時伊通河流域農業比較發達，飲譽海內的位於中京地區的「盧城之稻」，就在伊通河流域。《吉林通志》載：「伊通河一帶產稻最佳，粒長色白。」《渤海文化研究》一書指出：「伊

▲ 遍地黃花

▲ 伊通河畔濕地歡歌

▲ 今日璋地

▲ 伊通河源

通河即是渤海盧城故地。」一千二百年前在寒冷的東北能栽培水稻，這在東北開發史上是值得大書特書的，也是渤海時期農業發達的一個標誌。

青頂子山下又是明代海西女真的發祥之地。伊通河源附近的璋地，即新生村大鹼場屯，曾是海西女真輝發部和葉赫部兩部的興起之地。輝發與葉赫兩部的祖先都由外地遷居璋地而改姓納喇氏，輝發在前，葉赫在後。輝發始祖昂古裡星古力，姓益克得裡氏，原居黑龍江岸的尼馬察部，明朝隸屬弗提衛，後由該衛分出，舉家南遷，投奔當時屬於扈倫國的納喇部姓所屬的璋地。與當地納喇部姓首領噶揚噶、圖墨土二人「宰七牛祭天，改姓納喇」，加入了這一女真姓氏。後來弗提衛都督王機努進入輝發河流域築城建國，形成了輝發部。葉赫的祖先，始祖是星根達爾漢，來自松花江北岸的達魯木衛，幾經周折，遷到璋地，滅了扈倫國的納喇部，於是占據其地，改姓納喇，以藉著姓的威名擴大影響。後來移居葉赫河畔建國，清佳努、揚吉努跨葉赫河築東西二城，兄弟分治，皆稱貝勒，立國號為葉赫，形成了葉赫部。

吉林文庫 A0703A32

# 文化吉林：伊通卷　上冊

| | | |
|---|---|---|
| 主　　編 | 莊　嚴 | |
| 版權策畫 | 李　鋒 | |
| 責任編輯 | 林以邠 | |
| 發 行 人 | 陳滿銘 | |
| 總 經 理 | 梁錦興 | |
| 總 編 輯 | 陳滿銘 | |
| 副總編輯 | 張晏瑞 | |
| 編 輯 所 | 萬卷樓圖書股份有限公司 | |
| 排　　版 | 菩薩蠻數位文化有限公司 | |
| 印　　刷 | 維中科技有限公司 | |
| 封面設計 | 菩薩蠻數位文化有限公司 | |

出　　版　昌明文化有限公司

桃園市龜山區中原街 32 號

電話　(02)23216565

發　　行　萬卷樓圖書股份有限公司

臺北市羅斯福路二段 41 號 6 樓之 3

電話　(02)23216565

傳真　(02)23218698

電郵　SERVICE@WANJUAN.COM.TW

大陸經銷　廈門外圖臺灣書店有限公司

　　電郵　JKB188@188.COM

**ISBN 978-986-496-293-8**

2018 年 1 月初版

定價：新臺幣 280 元

**國家圖書館出版品預行編目資料**

文化吉林. 伊通卷 / 莊嚴主編. -- 初版. -- 桃

園市：昌明文化出版；臺北市：萬卷樓發

行, 2018.01

　　冊；　　公分

ISBN 978-986-496-293-8(上冊：平裝). --

1.文化史　2.人文地理　3.吉林省

674.2408　　　　　　　　　　107002192